对不起，你有毒

TOXIC PEOPLE SURVIVAL GUIDE

[美]**蔡斯·希尔** 著
（Chase Hill）
李颖 译

中国出版集团
中译出版社

图书在版编目（CIP）数据

对不起，你有毒 /（美）蔡斯·希尔 著；李颖 译.
—北京：中译出版社，2023.10
书名原文：Toxic People Survival Guide
ISBN 978-7-5001-7448-6

Ⅰ.①对… Ⅱ.①蔡…②李… Ⅲ.①人格心理学—通俗读物 Ⅳ.①B848-49

中国国家版本馆CIP数据核字（2023）第132810号

Toxic People Survival Guide
Copyright © 2021 by Chase Hill
Simplified Chinese rights arranged through CA-LINK International LLC (www.ca-link.com)
The simplified Chinese translation copyrights © 2023 by China Translation and Publish House
ALL RIGHTS RESERVED
著作权合同登记号：图字01-2023-3443

对不起，你有毒
DUIBUQI, NI YOUDU

出版发行：	中译出版社
地　　址：	北京市西城区新街口外大街28院普天德胜主楼4层
电　　话：	（010）68359376；68359827（发行部）；68357328（编辑部）
传　　真：	（010）68357870
邮　　编：	100044
电子邮箱：	book@ctph.com.cn
网　　址：	http://www.ctph.com.cn

出 版 人：	乔卫兵
总 策 划：	刘永淳
策划编辑：	范祥镇　刘瑞莲
责任编辑：	刘瑞莲
文字编辑：	杨佳特
营销编辑：	吴雪峰　董思嫄
版权支持：	马燕琦

装帧设计：	柒拾叁号
排　　版：	北京中文天地文化艺术有限公司
印　　刷：	北京盛通印刷股份有限公司
经　　销：	新华书店

规　　格：	880 mm×1260 mm　1/32
印　　张：	7.625
字　　数：	117千字
版　　次：	2023年10月第1版
印　　次：	2023年10月第1次

ISBN 978-7-5001-7448-6　　　　定价：59.80元

版权所有　侵权必究
中　译　出　版　社

目录

前言 / 1

第一章
难相处的人永远会有，接受现实吧！ / 001

第二章
你也是难相处的人吗？ / 013

第三章
一切从自身开始 / 025

第四章
了解反社会者 / 041

第五章
了解自恋者 / 063

第六章
并非所有的有毒之人都是自恋者或反社会者 / 085

第七章
罪魁祸首是操纵 / 107

第八章
如何摆脱操纵 / 121

第九章
如何应对消极情绪 / 135

第十章
如何在与有毒之人谈话时不丧失掌控权 / 153

第十一章
和有毒之人打交道 / 169

第十二章
精神虐待可能产生持久的影响 / 195

第十三章
关于自我疗愈的建议 / 207

第十四章
拥有自己的生活 / 217

前言

我绝不愿使用"有毒"一词来形容我身边的一些人。它听起来太刺耳,甚至有些残忍。但是当我回首自己的青少年到成年时期,发现自己总在替别人的行为找借口:"他们可能遇到什么难事了,也可能是过去受的苦太多了,但这不是他们的错,我应该尽量体谅他们,帮助他们。"

这听起来是不是很熟悉?不知不觉中,你已经迷失了自己。为了让别人过得更好,你改变了自己,但是在这个过程中,你也在很大程度上失去了自我,甚至看着镜子中的自己,也觉得陌生。

或许有那么几次,你早上醒来,满怀信心地对自己说：今天要做出改变，我不会再允许别人无端地对我发火、忽视我的需求、对我进行控制。但是，很可能用不了多久，你的积极性就会被这些人消磨殆尽，走到这一步，你只好认命。或许你是在为自己过去犯下的错误而自责，所以觉得现在这样是自己活该。

我十分佩服那些能对有毒之人奋起反抗的人。这需要勇气。像我一样，你肯定也发现了自己的努力是徒劳的，因为有毒之人惯会颠倒是非，让自己成为受害者。他们会愤怒、谩骂，甚至痛哭流涕，让你觉得自己才是那个有毒的人。不管怎样，他们都会一如既往地让你的生活一团糟。下面这段话说得很对：

> 当一个有毒之人无法再控制你时，他会设法控制其他人对你的看法。这种误导行为会让你觉得不公平，但是别去理会，相信其他人最终会像你一样看清真相。
>
> ——吉尔·布莱克韦

可惜，世界上有毒之人比比皆是。他们就在你的公司、在超市、在网上，甚至在你的家里。就算我们再离群索居，也无法完全躲开这些人。我们唯一能做的就是学会正确地应对他们，重新掌控自己的生活。唯有如此，才能活出自我、活得开心。

为此，我们必须从头开始。先通过审视自身，弄清楚为什么我们会走到今天这一步。只要我们把痛苦一层层揭开，就能看清有毒之人的种种表现。我们一步一步来，先提高自己的心智，然后再掌握对付有毒之人的必备技巧。等读完这本书，我们就能以完全不同的眼光看待他们了。

首先你将学会如何应对各种关系和场合中的有毒之人，然后就是如何让关系更牢固、目标更明确、身心更健康，从而好好享受生活。

我自己花了很长时间才意识到原来在我身边有那么多有毒的人。上天没有赐给我慈爱的父母来教会我健康的关系是什么样的。

我从小就把有毒的关系当作是正常的，也就难怪我的所有关系都有毒了。我换过几次女友，其他关系也很糟糕。工作时，我又扮演着一个老好人，从不拒绝别人，希望至少在职场上人际关系能好一些。自然，这一切都是徒劳，同事中的有毒之人很快就乘虚而入，就这样我陷入了恶性循环。

逆境到了极点不一定是坏事。那阵子，我完全不顾自己的身体，醉生梦死，无所事事，身材都走样了。我开始抑郁，后来又和女友分手了。我再也受不了了，我必须改变自己。

接下来的一年，我的生活像过山车一样。我开始学习、读书，期间进进退退、反反复复，学得越来越多。后来我得到了世界各地专家的指导，进展越来越顺利。一切开始步入正轨，生活越来越轻松、越来越美好。

从低谷走向幸福是我最引以为傲的事情，这改变了我生活的方方面面，让我有信心去帮助别人。这就是我现在的使命。

我会和大家分享我同有毒之人打交道时用过的策略，希望你们也能像我一样体会到惊人的变化。我认为任何人都不应该容忍有毒之人，对没有平等和爱的关系也不应该将就，因为那样不公平。而且，现在的社会充斥着太多负能量，也许我们需要一些帮助，才能看到好的一面，让生活重回正轨。

我会尽量以浅显易懂的方式介绍每个步骤，但并不是说整个过程会很轻松，也不等于不用阅读整本书了。

不过，我们也会详细探讨一些比较大的难题，以及实践中遇到挫折应该如何面对。

别担心，这个过程既有考验也有乐趣。慢慢来，先彻底弄明白在生活中为什么会存在有毒之人。

——蔡斯·希尔

难相处的人永远会有，接受现实吧！

第一章

这个世界上有很多有毒的人。说实话，只要稍微留意一下，你就能发现形形色色、毒性各异之人。程度比较轻的，你身边可能就有——这种人永远在抱怨，认为全世界都欠他的，谁都有义务听他倒苦水，他却从来听不进别人的建议。我们称这些人为"能量吸血鬼"。

最极端的是那些恶毒、凶残的暴力分子，更有甚者——有谁还记得"9·11"事件之前，人们还不知对恐怖主义的恐惧为何物的日子？从腐败的政客，到凶残的罪犯，我们的世界里分分钟都可能出现有毒的人，要么是在电视上看到，要么是在生活中碰到，总之是无法避免。

那么，到底是什么造成了这些人的有毒人格呢？有人认为这是天生的，有人认为这涉及复杂的神经和行为科学，此外，环境的影响也要考虑进去。为了防止掉入非好即坏的二元思维陷阱，我们需要进一步了解人类的心理。请记住，这绝不是为这些人的行为开脱，而是为了让你打开思路，学会从全新的角度看待事物，或许还能让你更加了解自己的思维方式。

复杂的人类心理

大脑是一个令人惊叹的器官。我们一般只在谈论智力时提到它，但我们知道它负责控制人体的所有器官和系统。人脑大约有 1000 亿个神经元，这些神经元之间大约有 150 万亿个连接（Choi，2016）。这些连接对于化学物质的交换至关重要。这些化学物质叫作神经递质，已知的有 100 种。在我看来，这就好比世界上最繁忙的交通翻了 10 亿倍！

其中部分神经递质已广为人知，例如：血清素和催产素通常被称为"快乐物质"或"快乐激素"；多巴胺会影响睡眠、情绪、冲动，是大脑给人的"奖赏物质"；γ-氨基丁酸（GABA）则有利于调节情绪，缓解焦虑。

化学失衡会导致负面情绪和精神障碍，例如，研究表明，血清素缺乏症患者更容易发生暴力和冲动攻击行为（美国神经科学学会，2007）。化学失衡可能是由我们摄入的物质引起的，不仅仅是药物、酒精，也包括我们吃的食物。可卡因可以造成多巴胺的堆积，垃圾食品也会产生类似的后果。我们从比萨和汉堡这类食物中获得的愉悦感会激活大脑中的奖赏回路，产生更多的多巴胺。

虽然人们给这些化学物质起了各种绰号，但实际上你的爱、恨和愤怒等情绪不是由哪一种化学物质决定的，而是由大脑中的多种化学物质根据你所处的情境共同作用的结果。当面临危险时，大脑会产生必要的化学物质促使身体分泌肾上腺素，使你能够迅速做出反应。这种过程是不受我们自身控制的。不过，也有一些药物能够改变体内的化学物质，帮助人们调节情绪，如抗抑郁药。

神经化学物质只是影响人类行为的因素之一。人格才是决定一个人是否难相处的主要因素。马德里卡洛斯三世大学进行了一项研究，让541名志愿受试者回答了数百个社交难题。结果表明，90%的参与者可以被归为四种人格类型：乐观、悲观、信任和嫉妒。嫉妒是其中占比最高的人格类型，这种"红眼病"会让人做出各种行为，轻则排斥、不满，重则实施打击报复。

行为模式是人类心理的另一个要素，也是我们与他人互动的方式。行为模式由三部分构成：行为、认知和情感。例如，周末到了，你想起有东西要买（认知），于是列出清单然后去购买（行为），最后你感到有些焦虑和疲惫（情感）。当然，这只是一个非常简单的例子。

我们体内的神经化学物质生来就有，人格特质也是与生俱来的，但行为模式是后天形成的。我们是环境的产物。我们从父母那里学到了很多行为方式，影响了我们为人处世、待人接物的方式。此外，现实的外在环境也会影响我们的行为和动机。嘈杂的环境容易使人烦躁，黑暗的房间令人感到沉重和压抑，而安全可靠的环境可以改善人际关系。

所以，导致一个人难相处的原因真是不胜枚举。可能他们就是"小人"，喜欢看你受苦；也可能他们的行为背后另有隐情。

人类情绪的复杂性和多样性

为什么两个人看同一部电影，一个认为超级搞笑，另一个却觉得马马虎虎?

紧急救援人员每天要面对各种危险,而有些人连开车或坐飞机都不敢。当你知道了神经化学、人格、行为和环境这几种因素的作用时,你就会明白为何人们对同一件事的感受会如此不同,也会明白为何人类的感情有时并不相通。我们可以通过一些例子来加深理解。

目前全球范围内最具代表性的例子之一就是人们对新冠病毒的反应。这场疫情对人类健康造成严重威胁,引发了各种情绪和行为。一些人陷入恐慌,疯狂地囤积了大量的卫生防疫用品;而有些人认为这只是一个阴谋论,不予理会;还有介于两种极端之间的种种表现。

人们面对压力的表现也各不相同。有些人压力越大越有干劲,所以喜欢把事情留到最后一气呵成;有些人只要一想到摆在面前的繁重工作,甚至还没开始着手,内心就充满了焦虑不安;还有些人认为自己做不到,干脆选择放弃。

如何看待今后的任务,决定了我们如何面对它带来的压力。这不仅仅适用于我们必须要做的事。我们面对经济、人际关系和工作压力时也会产生不同的反应。

我很乐意看到人们能够从容应对生活中的重大变

化。比如搬家应该是一件令人兴奋的事，因为你的生活即将翻开新的一页。有些人会像军人一样干净利落地把所有东西都打包好，贴上标签；但也有些人会情绪低落，对原来的家恋恋不舍。

类似的情况还有怀孕生产。有些妈妈对各种变化能够轻松适应；而有些妈妈由于体内化学物质和荷尔蒙的变化，患上了产后抑郁症。一般人初为父母时可能都怀着激动又紧张、幸福又忐忑的复杂心情，每个人都会找到自己的方式来应对挑战。许多父母会寻求他人的帮助和建议，也有些父母喜欢自己解决问题，调整情绪。

人们面对冲自己发脾气的人，也是态度各异，很有意思。有人以眼还眼，有人心平气和，有人一笑置之，有人哭哭啼啼。你属于哪种呢？

当我们有亲朋好友去世时，一般来说悲伤总会过去，但也有一些人会深陷其中，无法自拔。有些人还会酗酒、暴饮暴食或者疯狂运动，想以此来弥补内心的创伤。

我们在青少年时期的经历也会影响我们的性情和对事物的理解方式。事实上，大脑直到 25 岁才完全发育成熟（Sapolsky，2018）。回想一下在你在 25 岁之前（如果你还不到 25 岁，那就到现在为止）经历的一切。

如果父母缺乏爱心，那么孩子将来的人际关系也不会太好。研究证明，目睹了父母离婚的青少年大多认为婚姻是善变和不稳定的（Risch, Jodl, Eccles, 2004）。

自恋型人格障碍也是在大脑完全成熟之前形成的。虽然遗传或神经生物学可以解释其成因，但成长环境也是影响因素之一。

父母的育儿方式对孩子的自我感受有很大的影响。过度的夸赞会导致骄傲、自负；相反，过度的批评可能会让孩子觉得自己不够完美。自恋者可能看起来充满自信、态度高傲，但这往往只是对低自尊的掩饰。

这一切说明什么？

说明我们不能对别人妄下评论，随便给人贴上"坏人"或"有毒"的标签。所有的人格类型和人格障碍都是有原因的——我们不可能某天一觉醒来就变得讨人喜欢，也不可能突然之间就变得自私自利或拥有反社会人格。重要的是要看身边那些难相处的人是否正在努力改变，就像你现在一样。他们或许已经接受了自身有问题的事实，或许已经寻求了专业人士的帮助，还有可能和你进行坦诚的沟通来解决他们的问题。这些人或许仍然很难相处、仍然会伤害你,但他们已经在努力了。

你身边还有这样一些人,他们还没有意识到自身的问题。对付这样的人更难,但也并非毫无办法。当你的人生之路越走越顺时,你可以将自己学到的知识和方法分享给他们,让他们知道他们的人生也可以变好。当然,还是会有一小部分人依旧我行我素。他们永远不会改变,因为这不符合他们的最佳利益。最难对付的就是这些人了,但这并不是说你就得容忍他们的行为,相反,就算他们出现在你的生活中,你也可以想方设法避开。

我们的首要任务是学会看清人们的真实面目,而不是被我们的主观印象驱使。我们总是会不由自主地对他人产生先入为主的看法和预期,这往往会导致我们对人的印象过于片面。如果我们再掺入过往的经验,这种情况可能会更加严重。

例如,如果你曾被前任背叛过,那么再谈恋爱的话很难不对现任产生怀疑。我们必须摒弃偏见,对于他人的言行,既不忽视,也不夸大,这样才能看清每个人的真实面目。想要得到最好的结果,应该改变我们自己的生活,而不是浪费精力去改变那些不想改变的人。

接下来，想象一下没有任何挫折的生活会是什么样子。大概会有点无聊，听上去可能有点矫情，但是，生活中的确需要挑战和挫折，正是这些经历才让我们获得成长。我并不是建议你主动去寻找麻烦，而是说：经历过失业和穷困的人更珍惜金钱；经历过失恋的人更了解自己，更清楚自己的底线，以及自己在一段关系中不想要什么；曾被父母或伴侣虐待的人或许会变得更加坚强。

对有毒的人，我们或许可以换一种积极的角度去看待：我们遇到的每个人都是有意义的，要么给我们帮助，要么给我们教训。这样一来我们对这些经历就不会再排斥，而是可以坦然接受了。通过学习如何与有毒的人打交道，如何不让他们的行为像过去那样带给你痛苦，你就能够建立合理的边界，这才是幸福的关键。

第一章·实践练习

花点儿时间审视一下你生活中那些有毒的人。你对他们和他们过去的经历了解多少？是否有什么过去发生的事情可能导致了他们现在的行为？不要执着于他们对你的负面影响，要看看你可以从这些糟糕的关系中提取哪些积极的东西。

你也是难相处的人吗？

第二章

第一章我们讨论了别人难相处的所有可能原因。现在我们该审视自己了,把一切问题都归咎于别人是幼稚的行为。

有时候当你发现那些难相处的人极难对付时,你可以退一步想想,会不会自己也有问题。这无所谓好坏,只是客观事实,没有人是十全十美的。不过我们还是应该花点时间反思一下自己是不是也有消极的一面,对事情的发展起了推波助澜的作用。

主观感受会影响人际关系和交往

假设有三个人在吃一盘辣味咖喱鸡。同样的菜肴,同样的色、香、味,但每个人的感受全然不同:一个觉得太辣了,一个觉得鸡肉太柴,还有一个觉得卖相太差。我们对现实世界的感知也是如此。五十个人参加同一场聚会，但每个人的感受却各不相同。

我们对现实的感受在很大程度上取决于我们的期望、过去的经历，甚至当时的心情。多项研究也证实了这种差异。例如，有一项研究是要求一场橄榄球比赛的观众记下犯规次数，结果胜方支持者记录的对方犯规次数是负方支持者记录的两倍（Hastorf, Cantril, 1954）。自这项研究之后，其他研究也陆续得出了相同的结果：人都是不客观的，看待事物的方式千差万别。

如今，这方面的一个典型例子就是夫妻间的家务公平问题。大多数人都或多或少因家务及家务分配是否公平的问题争吵过。不管事实如何，夫妻之间似乎很难在家务的公平分配上达成一致。

有毒人格自测

我们必须进行自我审视，看看自己有哪些行为和习惯需要改进。你可以再看看第一章的内容，有没有哪些让你产生仿佛在说你的感觉。任何关于有毒之人的叙述也可能适用于你。下面是一份自我评估问卷，可以帮助你更好地了解自己的人格中潜在的负面特性。

1. 你是否更愿意说而不愿意听？
2. 你在生活中是否"戏"很多？
3. 你是否很难从别人的角度考虑问题？
4. 你是否觉得说谎是件轻松的事？
5. 你喜欢说闲话吗？
6. 你会花很多时间回想过去的事吗？
7. 出现问题时，你习惯责怪自己还是别人？
8. 当错在你时，你会轻易道歉吗？
9. 你习惯睚眦必报还是宽宏大量？
10. 你认可靠取笑别人博众人一笑的行为吗？
11. 你在处理事情，特别是和别人意见不同时，经常带入个人情绪吗？
12. 你总是贬低别人的成就吗？
13. 你是否索取得多，给予得少？
14. 你是否对别人过于挑剔？
15. 你是否注意到别人总是无缘无故地躲着你？
16. 你对别人经常进行被动攻击或者情感操纵（比如冷暴力）吗？

一般来说，人并不能简单地用"有毒"和"无毒"

来划分。不同情况下,"有毒"的程度也不一样。这个测试并不是为了给你一个非黑即白的答案。比如,你可能"戏"很多,也喜欢说闲话,但是你对于自己的错误勇于承认,对于别人的错误则宽宏大量、既往不咎。这样的人可能只是某些时刻"有毒",总体来说还是善良的,能够得到大家的喜爱。但问题在于,总说闲话可能会严重影响有些人的生活,这些人就会因为你的这种行为把你归为"有毒之人"。

接纳的力量

不管过去还是现在,接纳都具有非常强大的力量。你的过去塑造了现在的你。或许,你的童年不够幸福,你大学辍学,创业失败……所有这些经历在你的生命中都具有重要的意义。但是很多人仍然对这些耿耿于怀,这对你现在的生活有什么帮助呢?将过去的不幸遭遇在头脑中反复回放,这明智吗?

我知道自己的恋爱一直被父母的夫妻关系所影响。我不断地审视自己的恋爱关系,把两者存在的问题进行对比,寻找借口,把我当时的问题归咎于我的过去。其实我应该做的仅仅是接受现实。当然,说起来容易做起来难，但是，只要你愿意，就可以选择接受已经发生的事，让过去的成为过去。

当前，自我改变的进展缓慢，再加上一些无法预料的事件，很容易让我们的心情陷入挣扎和纠结，不知如何抉择，进而怨天尤人：为什么这些事偏偏发生在我身上？我该怎么撑下去？这时，你不妨试试接纳命运抛给你的挑战。学习接纳的过程就像经受了一场暴风骤雨的洗礼：风雨来临前，是黑云压顶的沉重和窒息；接受现实的那一刻是大雨倾盆，将所有的消极情绪冲刷殆尽；最后，雨过天晴，你终于可以看清前路的方向。

不过要尽量避免陷入另一个极端。正如迪伦·伍恩在他的 TED 演讲——《接纳的力量》中所说，接受现实并不代表什么都不做。比如，有人偷了你的车，接受现实不是让你自认倒霉，然后开始考虑买新车，而是该报警就报警，并接受车丢了就是你当下的处境这一事实。

接受现实之后，你还需要尽量从中吸取经验教训。回到丢车的例子：你已经报了警，这是你唯一可以做的。同时你也上了昂贵的一课，知道了应该选择更好的停车地点，比如收费停车场，而不是随便停在街边。不要反复回想整件事，想着"如果当时……"，这于事无补,还会让你更加沮丧,因为你无法改变已经发生的事情。当你对一切过往之事都能做到这些时,就会发现自己看待事情的角度发生了变化,那么今后再遇到本可能会让你暴怒的事,就会用更积极的态度来处理了。

正如我所说的,这并不容易。长久以来,我们的大脑已经下意识地养成了负面思维的习惯。众所周知,要改掉一个习惯很难。一种行为必须重复多次之后,它才能从我们大脑的决策区域(前额叶皮层)转移到习惯控制区域(基底神经节)。

例如,当我们学开车时,大脑的前额叶皮层非常活跃,但一段时间后,开车的各种操作就"习惯成自然"了。开车不再是一种需要大脑决策参与的学习活动,而是形成了一种习惯。

大多数情况下,大脑的这种特性能让我们的生活更轻松,因为有些日常活动不需要专注力就能完成。但是当遇到坏习惯时,这种特性就不是什么好事了,比如总是无法接受现实。在这种情况下,我们就必须学习如何打破大脑中的这种习惯回路。

想要改变习惯,我们必须能够在这个习惯行为发生时意识到。拿当前的例子来说,就是要在自己过度纠结于某件事情时能及时发现。如果过去有令你后悔的事（比如曾经有跳槽的机会你没有抓住，现在的工作又很烦），当你开始产生"我本该……"的想法时，心中一定充满了懊恼和焦虑等负面情绪。此时，一定要及时警醒，就此打住，转而开始思考你能从中吸取什么教训。这时，你才能得出理性的结论：机会来临时应该仔细权衡利弊之后再做决定。

如何对待自己的"有毒"行为？

到现在为止，你已经进行了深刻的自省，了解了自己人格或行为的"有毒"部分，以及哪些行为会助长身边的"有毒"之人的行为。虽然你不应该因为生活中的一些事情责怪别人，但也没有必要自责——这又回到了接纳的话题上。过去的事情已经发生，现在该向前看了。

下面列出了一些步骤，可以帮你将负面因素转化为积极因素和正能量：

- 首先认清自己，接纳自己，多和身边的人聊聊，看看他们能不能提供看问题的新的角度。人往往不容易看到自己的错误，所以你欣赏和信赖的人提供的建设性意见能帮助你更加全面地了解自己。

● 当别人真心给你提意见时，你内心不要抵触，不要想着去指责他人或寻找借口，因为这违背了你的初衷。最好用笔记下这些意见，以便更好地改进。

● 扩大交际圈，广交朋友。这个建议可能会让你觉得奇怪，不过请你想一想，自己的朋友是不是在年龄、种族、宗教和履历等方面都比较相似？很可能价值观和信仰也很接近。正所谓"物以类聚，人以群分"，这并没有错。但是如果你能拓展人际关系，广泛结交各种性格和经历的人，很多原本不熟悉的问题可能就迎刃而解了。比如，在你遇到的人中，可能某人就有和自恋者打交道的经验，也可能有人非常善于在关系中建立信任。

● 该道歉时就道歉。如果在自省或聊天的过程中发现自己的某些行为不妥，应当向别人道歉，不要犹豫。道歉虽然没必要长篇大论，但必须真诚。如果你做到了，这会是一个全新的开始。

● 着手改变你的负面行为，一个一个来。每天进步一点点，远远好于一下子来个一百八十度大转变却无法持久。例如，过去你的另一半做出点成绩，你总是泼冷水，现在你可以准备一顿庆祝晚餐，给他一个惊喜。又比如，你以前总是喋喋不休，时常打断别人讲话，现在你可以使用计时器，反复操练，养成良好的沟通习惯。

很多人可能认为，对于一本教你如何应对有毒之人的书来说，这一章的内容有点儿跑题，因为大多数人都并非"有毒之人"，只要稍做调整，就能让自己的人际关系减少冲突，更加和谐。其实本章的主要目的是想告诉大家，人无完人，学会从不同视角看问题不仅对当下的生活有帮助，也有利于今后的人际关系。毕竟你只能对自己的行为负责，别人的行为自有别人负责。

一切从自身开始 / 第三章

人生中最振奋人心的事莫过于在低谷中重燃自信。认识自我，接纳自我，乃是老生常谈。但是我们内心深处的自卑，再加上生活中的有毒之人，让这件事变得异常困难，最后的结果很可能是我们觉得自己更糟。

关键在于摆脱他人言行的束缚，这样你才能看到自己真正的价值。现在让我们看着镜中的自己，或许第一眼你看到的是令人烦恼的皱纹和刺目的白发，忽略这些，继续审视镜中的自己，慢慢地你会看见一双善良的眼睛，充满智慧和善意——当然，要用对场合和对象。

让我们再回头看看镜子中的那些皱纹，当然也可能不是皱纹，而是眼袋、瑕疵或岁月留下的其他痕迹。我第一次对镜自省时，想尽办法为自己找借口：我的眼袋是人际关系压力太大造成的，我的皮肤不好是因为疲惫……不，是因为人际关系的压力太大。至于我的双下巴，你一定猜到了吧！没错，还是由于同样的原因，我没有精力锻炼。

将自己的问题归咎于他人，和这件事本身的错误相比，更糟糕的其实在于，你这是在放弃对自己人生的掌控权——如果某人处处制约着你的生活，并且能造成很严重的后果，那他的影响力未免太大了。你要做的第一步就是找回对自己的掌控力，不是那种受自尊心或控制欲驱使的虚假掌控力，而是真正的掌控力。

什么是真正的掌控力，它来自何处？

真正的掌控力包含多种要素，比如爱的能力、自我认识能力以及之前谈到的接纳力。拥有自我掌控力的人可以按照自己的方式生活，不会将任何事强加于他人，同时也不允许别人随意践踏自己。通过建立不会伤害自己和他人的正当边界，你会感受到超乎寻常的内在力量。

对有些人来说，必须经历生死攸关的时刻才能体会到自我掌控力的可贵，还有些人会通过灵修或宗教的途径认识到这一点，而对于我们大多数人来说，首先要做的是认清自我。前面我们已经通过审视自身的缺点和负面行为，迈出了第一步，但是我们还有很长的路要走。尤其是如果你长久以来受到有毒之人的影响，很可能已经丧失了与自我的连接。

现在请好好想想你拥有的正面特质，比如心胸宽广、有爱心等。你喜欢做什么事情？你有什么爱好，或者你曾经有什么爱好？你是否还记得它们？你的人生目标也是一样。什么是你生命的动力？如果让你制定接下来一周、一个月、六个月或一年的目标，你会如何做？这些问题有了答案之后，你只要遵照下面几个简单的方法就能实现对人生的真正掌控。

学会享受宁静

你是否注意过，我们生活中总是存在各种声音，使我们分心？手机不断地诱惑着你，电视在开着，总是有人找你说话，这些都会消耗我们的能量。要学会适当抛开这些干扰，享受片刻的宁静。

遵循规律的时间表

这是建立对生活掌控力的绝佳途径，还能让你提升效率，节省时间，更好地安排一天的事务。当然，任何时间表都会有一定的灵活性，但是将日常任务的时间表尽量固定下来能让你腾出更多的精力应对难度更大的事务。

多和正能量的人打交道

我们后面再详细讨论这一点，因为首先你得学会对负能量的人说"不"。让身边正能量多一些会让你更有力量。

照顾好自己的身体

倒不是说你非要严格按健康食谱进食，也不用每天都去健身馆，只要日常坚持锻炼就可以了，比如健步走、游泳、瑜伽，都是有益身心的运动。多运动有助于改善睡眠，再结合营养均衡的饮食，你的精力会越来越充沛。

尽量创造和谐的家庭氛围

由于这一点涉及家庭关系，我们也将在后文中讨论，不过家庭的和谐与否也与别的因素有关，比如干净舒适的居家环境。不管是谁结束一天的工作回到家时，都需要一个能让自己放松的安全"避风港"。

进行冥想

冥想是你和自己的内在力量建立连接的绝佳方式。冥想可以帮助你专注当下、回归宁静、减少内心的压力和焦虑。当然，并非每个人都能轻易进入冥想的状态，至少刚开始时可能会有困难，慢慢来，找到适合自己的方法。

这些方法可以帮助你认清自己，挖掘自身的掌控力。只有当你体会到强大的内在力量时，才有能力实施本书中的其他建议。那么，我们发现自身的力量后又该如何去追求自由呢？

将掌控力转化为自由

我并不是在责怪社会，但是我发现我们所处的这个世界不太接受人们表达真实感受。别人问我们过得怎么样，不管事实如何，我们往往都会回答"挺好的""还可以""过得去"。不知为什么，如果我们诉说难处，别人会认为你负能量；如果谈论自己的成就，别人又会认为你只在炫耀。

这种情况下，即使我们找到了掌控力，我们内心的负担还是没有卸下。我们必须认识到，抛弃内心的负担，让掌控力真正发挥魔力的唯一途径就是说出自己的真实感受。

你没有必要再默默忍受。我们遭受的伤痛已经够多了,独自承受太辛苦,把它讲出来,不仅有助于自我疗愈,还能帮到其他人。假设你经常受到伴侣的虐待,而你的一个朋友刚刚失业,又因此失去了住所,你们俩见面时却都说自己最近挺好的……

相反,如果你能把自己的故事和遭受的痛苦如实说出来,有可能会使其他人受到鼓舞,也愿意讲述自己的遭遇,吐露内心的感受。这一点已经在全球性的运动中得到了证实,如黑人人权运动"黑人的命也是命"(Black Lives Matter)和反性骚扰运动"我也是"(Me Too)。

我们讲出了自己的真实处境,才知道自己并不孤单,还有很多人和我们一样,在经受着相似的遭遇。这种同病相怜之感最能抚慰人心,给人力量。

你也可以只向一个人倾诉,这样你们之间就会建立起一种更深层次的关系,这是一种没有客套和寒暄,只有坦诚相待的真正友谊。而且,讲了真话之后,你可能会听到此前从未想过的新观点。你的朋友可能会提出建设性的意见,还可能让你重新认识自己的优点,提升自我价值感。

现实中,并非人人都能够轻易敞开心扉,因为他们害怕被嘲笑,或者不想听别人说"忍忍就过去了",又或者担心别人会认为自己小题大做，况且也不是每个人生活中都有一个无话不谈的朋友。如果你找不到人倾诉，心理咨询是个不错的选择。话虽如此，我也知道同完全陌生的人交谈可能比同朋友交谈更容易让人畏缩。

如果你实在没有准备好对别人诉说你的遭遇，还可以试试写日记。在日记里你可以敞开心扉，尽情宣泄，之后就能轻装上阵，继续探寻内在的力量。

要注意一点，讲述遭遇、倾吐心声和满腹牢骚完全是两码事。不管是写日记还是向朋友倾诉，都是为了扫除障碍，解放自我，获得强大的内在力量。

如果你总是在抱怨天气、交通，还有你的另一半，则毫无裨益。你的朋友可能会觉得不耐烦，甚至有可能自己也开始为琐事发牢骚。这样，告别时你们双方都会觉得心力交瘁。如果你希望你们俩在会面结束时都备感轻松，如释重负，并且更加亲密，重要的是要专注而深入地讨论比较重大的遭遇或困境，不管是眼下正面临的还是已经过去的都可以。

是你的选择和主观看法限制了自我

我们过去所做的种种选择造就了我们的今天，这很好，因为我们已经接受了现实。但是，从今往后，你所做的选择会影响你人生的方方面面。我们所做的每一个选择都来自我们的思想观念。我们已经知道，我们眼中的现实会影响我们的决定，但是也不要忘记主观意识和自我信念的重要性。我们来看两个例子：

案例一：生活不易，你总是感到疲惫，压力很大，过得不开心，你和伴侣也总是争吵不休。你觉得需要给自己放个假，打破这个恶性循环，让一切重新开始。休息了一周之后，你觉得好多了，但是过不了一个星期，也可能两个星期，一切又打回了原形。

案例二：你和伴侣分手已有一段时间，最近刚开始恢复社交。在一个派对上，十个人对你都恭维有加，只有一个人说了冒犯你的话。十个人的赞美都没能让你感到片刻的自信，一个负面评价却能让你耿耿于怀。

这两个例子都回到了同一个问题上——你的主观认识。尽管你在努力改变自己的处境，但却过分注重改变外部环境，而没有直达问题的核心——你对生活的主观认识。你可以通过度假来改变外部环境，但主观认识的转变只是暂时的。在案例二中，及时和有毒的伴侣分手这一点做得很好，但是如果你不转变看待自己的眼光，那么你的内心就仍处于那段关系的阴影中。

你的主观意识是一切的根源。你越想自己消极的一面就越自卑，说话像蚊子哼哼，只敢低头看着地面。你没有信心做出正确的决定，因此，你就不可能总是做出正确的选择。

相反，当你能够以积极的态度看待自己时，会不由自主地通过肢体语言表现出来。你的自信会让你跳出眼前的束缚，发现人生的更多可能性，学会从不同角度看问题，做出更好的选择。

要做到这点，关键是要把注意力从我们以为的问题上转移到对问题的主观态度上，要明白这才是真正的问题所在。比如，你觉得自己长得丑，问题不在于你长得丑，而在于你"觉得"自己丑。

当我们可以改变对某个问题的主观看法时，问题就容易解决多了。此时，解决方法不再是减肥、改变发型、买新衣服等，而是改变你对自己的看法。

如何卸下自我枷锁，掌控自己的人生

我们应该卸下一切自我枷锁，首先要明白，它唯一的作用就是阻碍我们，而不是提供自我保护。我经常听到这样的话："没错，但只要我不开始新的关系，就不会再受伤。"这话听起来好像是在保护自己，但实际上是断绝了自己寻找真爱的机会。

第三章的作业是，好好想一想：你为什么会容忍某些行为？如何做到不再容忍？最终如何卸下自我枷锁？下面是具体步骤：

一、你为什么会容忍某些行为？

当你费心费力帮助了别人，他们却毫无感激之意，你为什么不当面指出来？你的家人非要让你做你不想做的事，为什么你只会生气地走开，而不是明确地建立边界？

我们之所以容忍这些行为，通常是因为我们在整个童年时期一直受到控制、指责、评判和忽视。作为孩子，我们只好发展出心理防御机制，要么变得退缩、被动、沉默寡言，要么变得暴躁、易怒，而这些特点会被我们带入成年后。

如果你的父母是那种事事都要求你服从的人，你小时候很可能尝试过反抗，结果发现这是徒劳。当你成年后发现自己在一段关系中又被控制的时候，会继承你幼时的行为模式。所以，问问自己，你对哪些行为总是容忍？这种容忍源自何处？

二、确定自我枷锁的来源

就像你对某些行为的容忍一样，你头脑中的自我枷锁也有其来源。比如，你可能被某位老师数落过"这种态度永远成不了大事"，也可能是一些看似善意的话，像"你该找个对象了"之类，这会让我们觉得只有结了婚的人生才算圆满。

三、树立新的观念

不管过去别人对你说过什么，都不会对你今天的生活造成任何影响。请记住，如果你听从有毒之人的话，就等于交出了自己对人生的掌控权。你的态度才是你前进的关键动力。不是只有结了婚的人生才算完整。恰恰相反，只有自我是完整的，才适合开始一段新的婚姻关系。

四、找到能支持新观念的正面事例

还拿"结婚使人生完整"的例子来说，如果你想要巩固自己对新观念的信心，可以寻找能够证实它的真人真事。要找那些有主见，既能按自己的意愿生活，又拥有良好婚姻关系的人。如果你认为自己很丑，就多和愿意赞美你的人相处，并接纳他们的观点。

五、做最坏的打算

一方面,做最坏的打算,不等于将其当真,一件事不可能因为你的想象而成真。这样做的好处是让你为每一种可能性做好准备。比如你正在考虑换工作,那么最糟糕的情况就是新工作很差劲。如果真是这样,那你需要做好再找一份工作的准备。

另一方面,不要只关注消极的一面,就算工作不顺心,你还可以结识新朋友,发展人际关系,学习新事物,提升职业阶梯等。当你做了最坏的打算,你会发现最终自己肯定能挺过来!

六、检验你的新观念

和朋友们聚聚,看看有多少人说你丑!即使单身也要充满自信,不要总觉得自己缺少什么。勇敢地迎接新工作,最坏的情况发生了吗?就算它真的发生了,天好像也没塌。如果结果是好的,那就证明你的新观念是可靠的。通过证明旧观念是错误的,我们能够摆脱对自己的成见,从而获得成长。

七、回顾你曾经忍受的行为,做些小小的改变

当你建立了新的自我认识,就会重新找到自信。你会开始觉得自己值得尊重和欣赏。比如你花尽心思为你

的伴侣做了一顿美味的晚餐来表达爱意，结果却连一个吻或一声谢谢都没有得到，那你就要么声明他的行为伤害了你，要么停止做晚餐！如果你很生气，那么你需要学会如何冷静下来。如果你怕把事情搞糟而宁愿一言不发，说明你需要学习如何用正确的方式进行交流。这些内容我们会在后面详细讨论。

过去我完全被我有毒的父母束缚了。我做的任何事情都不能让他们高兴和自豪，其实是根本不会引起他们的任何反应。多年来，我尝试一切办法想让他们注意到我。我一遍又一遍地告诉自己，都是我不好，我怎么做都是错的。

后来我终于明白问题不在于我本身，而在于我竟然想通过改变自己来取悦他们。我认识到，改变自己的目的应该是为了让自己幸福。于是，我不仅摆脱了这段有毒的关系，而且也很快认清并摆脱了所有的负面关系。

能够客观地审视自己已属不易，抛开他人的眼光坚持自己的信念更是难得。但是你可以做到。在往下进行之前，尽享自我发现的快乐吧，因为最重要的是，你是绝对的主角！

了解反社会者

第四章

在讨论反社会人格的成因和行为之前，我想先澄清一下反社会者（sociopath）[①]和精神病态者（psychopath）这两个概念。影视剧中经常将两者随意互换使用，不过在临床上，两者确实有相似之处。

反社会者和精神病态者都有反社会型人格障碍（ASPD）。这些词还常用来描述一些极端行为，例如连环杀人案或特大杀人案。虽然这些案例也存在，但这两种人更多的时候是披着羊皮的狼，看上去和普通人没什么两样。

[①] sociopath 一词更的专业名称是"社会性病态者"，和"精神病态者"（psychopath）正好相呼应，但本书是通俗读物，权衡之下采用了大众更熟悉的"反社会者"这一用法，但须知它和 ASPD（antisocial personality disorder，反社会型人格障碍）之间既相关又有区别，并不能画等号。——译者注

反社会者和精神病态者有什么区别?

反社会者会明确表现出不关心他人的感受。他们的情感极其淡漠,难以维持正常的工作和生活。反社会者很容易冲动,做出负面行为,尤其是被触怒的时候。他们能够认识到自己的不良行为,但总会给自己找到借口。

精神病态者能够假装表现出在乎别人的感受——请注意是"假装"。精神病态者无法产生真正的情感依恋,因此亲密关系对他们来说,是无意义的、虚假的。精神病态者可能会爱上别人,但只会以他们自己的方式去爱。这对被他们爱上的人来说只能是一种折磨,因为精神病态者缺乏同情心,不会意识到他人的挣扎和痛苦。精神病态者还常常会用"正常"的生活来掩盖非法活动。

还有一点值得一提,反社会行为和精神病态行为都有程度轻重之分,表现也各不相同。有些精神病态者能够感到精神上的痛苦,也希望被爱,但他们自己的行为使得这一点很难实现(Martens,2020)。反社会者和精神病态者都可能有暴力倾向,但是这种暴力既可能针对别人，也可能针对自己。

我在这里解释两者的差异，是希望你万一在生活中发现任何人有其中一种倾向时，能够采取最恰当的办法应对。要时刻记住，许多这样的人并没有意识到自己的问题，所以根本不会去看医生，更不会被诊断出来，所以他们很可能就隐藏在普通人之中。

反社会者有什么特征？

这里必须强调一下，关键还是要看诊断。我们不能见到暴脾气的人就说他有反社会人格。自恋型人格障碍者也会表现出极端的自私和自恋，但不能说他们是反社会者。你可以怀疑某个人有反社会人格，但只有专业人士才有权做出诊断。

剑桥词典对反社会者的定义是"完全不能或不愿以社会可接受的方式行事的人"（剑桥词典，2021）。这一定义相当笼统，因为社会对不同行为的接受度总是在变化。更准确地说，反社会者是"缺乏同理心，不考虑他人的利益和感受的人"。

操纵是反社会者常用的手段，但最伤人的是，他们不会因为自己对别人造成了伤害而感到丝毫内疚。如果你的头撞到了墙上,他们不会共情,所以也不会意识到你会疼。所以如果一个反社会者把你的头推到墙上,他们是不会感到内疚的。

现在,如果你回想一下自己的认识的人,或许会觉得很多人都有反社会人格的嫌疑。我们往往根据一两个症状就妄下判断。同样,当我们研究反社会人格时,一下子就会觉得网上所说的每一条都和你遇到的情况相符。

别忘记,我们都拥有将自己摆脱痛苦的能力,这一点有时会让我们显得有点反社会。例如,有的人离了婚可能会颓废消沉,但也有人会做出掸掸灰尘继续向前的姿态;多数人在听闻校园枪击案时,都会为受害家庭感到难过,但也有人会借机发表不良评论,显得有点冷漠无情。其实,这只不过是又回到了我们前面讨论过的话题:不同的人对现实的主观看法是不同的。

不过,如果你发现身边的人存在典型的反社会特征和行为,最好还是采取最安全、最有效的措施,这样才能放心地开始自由的生活。

下面列出了一些在你生活中可能遇到的反社会人格的危险信号(WebMD,2020):

- 毫无同情心；
- 容易冲动；
- 用威胁或攻击行为控制他人；
- 通过个人魅力或计谋操纵他人；
- 撒谎以谋取私利；
- 不会从犯过的错中吸取教训；
- 难以形成真正的人际关系；
- 有暴力、偷窃或其他犯罪表现；
- 工作和生活中缺乏责任感；
- 吸毒或酗酒。

还要记住，在现实世界中，反社会者非常善于伪装。一个操纵他人的同事可能表面上是事业心很强的人。工作忙、压力大的反社会者可能会以此作为他们无法建立亲密关系的借口。反社会者对于自身的行为造成的后果，要么不关心，要么根本意识不到。出于这个原因，反社会人格往往得不到诊断，更别提治疗了。

反社会人格是如何形成的？

几乎所有心理学家都曾参与过"先天与后天"的经

典辩论。先天因素指的是遗传学和生物学因素，后天因素则是指导致某些心理和行为障碍的环境影响。

关于后天影响的讨论可以追溯到 1690 年，当时哲学家兼医生约翰·洛克（John Locke）认为，几乎所有的人类行为特征都和环境的影响有关。他提出了人类发展心理学的"白板说"。这个理论的基本观点是，所有婴儿出生时都如同一块白板，没有内在的心智。

20 世纪初，约翰·华生（John B. Watson）借鉴弗洛伊德的理论，创立了行为主义心理学，后来又被称为"纯粹行为主义之父"。华生认为心理学家应该关注可见的行为而不是内心的活动。华生最著名的言论很清楚地反映了他的观点，即养育的影响远远大于遗传的影响：

"给我一批健康的婴儿，只要养育环境由我来定，我保证，随便挑一个，不管他的父母天赋、喜好、习惯、能力、职业如何，也不管他是什么种族，我可以把他培养成任何方面的专家——医生、律师、艺术家、商业巨头，当然，也可以是乞丐或小偷。"（华生，1930）

另一位 20 世纪非常重要的心理学家斯金纳和华生观点一致。在一次电视采访中，他说："给我一个孩子，

我可以把他塑造成任何样子。"(斯金纳,1972)

这些话表达的观点都是后天养育比先天特性更重要。按照这种观点,反社会者和其他类型的人格障碍一样,都是成长环境不良的结果。身体和精神的虐待就是最典型的例子。遭受父母虐待的孩子长大后更容易具有攻击性,缺乏共情能力,也更难建立真正的关系。

在反社会人格的后天因素中,大脑创伤也是其中之一。由于很多反社会人格未被诊断出来,研究很难进行,因此大多数研究只能以罪犯和施暴者为对象。经过大量的脑部测绘,科学家们已经证明大脑创伤与犯罪活动之间存在联系。这在医学上被称为"后天性反社会人格"。

第一个案例是一名前海军狙击手查尔斯·惠特曼(Charles Whitman),他在1966年一天内杀死了16人,对他进行尸检时发现了脑瘤。有些人会说,惠特曼作为海军狙击手的经历可能是一个心理社会性应激源,导致了他的暴行,脑瘤未必是主要原因。这种说法也不无道理。

第一项公开发表的研究则来自格拉斯哥大学。该项目对239名符合条件的杀人犯进行了研究,发现其中 21.34% 的人头部曾受过伤或疑似受过伤（Alley, 2013）。其中有一个罪恶昭彰的连环杀手弗雷德·韦斯特，他和妻子一起杀死了至少 12 人。韦斯特在 17 岁时遭遇了一场摩托车事故，昏迷了两天。两年后，他在对一名女子施暴时被对方推下楼梯，导致头部进一步受伤。

当然这并不是说每个表现出反社会倾向的人都会成为连环杀手！而是说明大脑的创伤也是一个后天因素，无论是来自童年虐待还是意外受伤，都可能导致成年后的反社会行为。

既然是争论，自然有正反两方。有些人认为先天遗传也可以导致 ASPD，他们认为，由于大脑结构异常，有的人天生就是反社会人格。借助脑电图和核磁共振成像，科学家发现了原来是单胺氧化酶 A（MAOA）在起作用——它能够调节杏仁核和海马体中的化学物质，从而影响人的情绪。单胺氧化酶 A 异常会导致 ASPD 患者的冲动控制水平低下。（《法医研究杂志》，2014）

反社会者除了多巴胺和 5- 羟色胺等化学物质失衡外，颞上回（大脑中负责情绪感知、语言理解和社会认知的区域）也有可能存在异常。因此，那些支持先天遗传说的人认为，反社会者的大脑生来就有结构性损害。

值得注意是，虽然许多人仍把"反社会者"和"精神病态者"混为一谈，但现在专家们认为，两者之间是有区别的。区别在于形成的方式：两者虽然都有 ASPD，但反社会者的行为是后天形成的，而精神病态者的行为是先天的。

希望这些不会吓到你。我们研究反社会行为的产生因素，是想更好地理解生活中的有毒之人，就如我们在第一章所做的那样。了解了人们行为的深层原因，我们就能够从他们的角度看待事物。但是，我也说过，并在此重申，理解不等于原谅和容忍。

如何在反社会者开始控制你之前认清他的真面目？

读完前面的部分之后，你可能觉得身边的有毒之人并不是反社会者或精神病态者，因为他们既没有犯罪，也没有谋划杀人。但是这些只是极端的例子，前面说了，患有 ASPD 的人通常很善于掩盖他们的行为。

由于这种伪装性，你很有可能认识 ASPD 患者而不自知。不同的研究者统计出的患病率各不相同，但大致来说，有 1% 的人符合精神病态特征，所以你只要认识 100 个人，其中就有 1 个精神病态者！据美国精神医学学会《精神障碍诊断与统计手册》(*Diagnostic and Statistical Manual of Mental Disorders*)(2013版)统计,反社会者的患病率约为 4%,也就是说,你认识的人中每 26 个就有 1 个可能是反社会者!

前面已经列出了帮助你识别反社会者的危险信号,下面我们更详细地看看 ASPD 患者常见的行事方式。

一、施展魅力

世界上总有些人天生就魅力四射,我们很容易会被他们吸引。但是正常人的魅力是始终如一的,不会由于对象不同而改变;而 ASPD 患者则会"看人下菜碟"——和内向的人交往时,他们收敛魅力,和外向的人交谈时,则会尽情施展魅力。

二、改变你对他人的看法

如果你新认识一个人,起先你很喜欢他,但是渐渐在他身上发现了你不能接受的品性,于是不再喜欢他,这是你自己的选择。但如果你喜欢一个人,而你身边的某个人开始搬弄是非,说那个人的坏话,让你改变了对那个人的看法,那么这就是 ASPD 的初级行为。

三、两面三刀

他们头天跟你说某个人的坏话,第二天就可以和对方称兄道弟。因为缺乏同情心和同理心，他们很容易在争论中改变立场，尤其是涉及自身利益的时候。

四、扮演受害者

反社会者和精神病态者都有本事让你觉得一切都是你的责任。比如，你想心平气和地讨论某个问题，但是突然之间你就成了那个小题大做的人，仿佛他们怎么做都是错的，而你一直在抱怨。无论你如何处理，他们都会让你觉得他们是受害者。他们还会以此为借口，说明他们为什么和别人合不来，因为都是对方的错。

五、凌驾于规则之上

他们的智商往往并不低，不管是游戏规则还是社交原则，他们都一清二楚，但就是不遵守。他们从内心深处认定大家所遵循的规则对他们不适用。当涉及经济利益时，就更是如此了。

六、成为你最信任的知己

他们为了操纵你的情绪，获取他们想要的东西，首先得想办法让你敞开心扉。一旦你对他们产生了信任，开始分享内心的感受，他们就掌握了可以用来对付你的武器。请记住，ASPD的主要特征就是对其他人的情绪漠不关心，所以一定要问问自己为什么这个人对你如此热心。

七、编织各种谎言

ASPD患者会根据不同的听众和目的为自己的故事编造不同的版本。最终，谎话可能会多到他们自己也记不清了。如果你发现了一个谎言，并当面指出来，他们就会想方设法扭转局面。他们总是有本事让你怀疑是不是自己太多疑了。

八、性格忽冷忽热

有时，他们非常善于控制自己的个性，有时却又难以克制冲动，容易大发脾气，就好像电影中的双重人格一样。

九、毫无悔意

我们一生中难免会犯大大小小的错误。大多数人都能够反思自己的所作所为，意识到自己所犯的错误，并为之感到懊悔，然后很自然就会道歉。而ASPD患者则对自己的错误毫无感觉，也可能他们根本不在乎，因此也不会感到懊悔。

十、让你神魂颠倒

对于一段可能进一步发展的关系，交往的最初几天至关重要。有时候事情发展过于顺利，你就要多留几个心眼了。对方有魅力，你当然会被吸引，但是也别忘了对一些不得体的举动保持警惕，比如过于热切的眼神、狂送礼物，以及让你觉得不舒服的动作或言语。你遇到男性 ASPD 患者比遇到女性患者的可能性要高出三倍（美国国家医学图书馆，2013），当然这并不是说女人让人一见倾心的能力不如男人。

如何应对反社会者和自我保护

首先最重要的一点是，如果你家里就有反社会者或精神病态者，当发现他有暴力倾向或者任何让你感到害怕的举动时，请立刻报警！

不要对自己说他只有这一次，或者他不是有意的。我知道举报你所爱的人是件很难的事，但是换个角度想想，如果你不举报，万一他发作了，对别人造成伤害怎么办？

你会觉得是你的责任。如果这已经不是第一次了，下一次他把你打到进医院，甚至更严重怎么办？如果你没有办法报警，也可以向亲朋好友求助。

你还应该做好准备，以防他真的实施暴力行为。最好是准备一个包，里面装上你的重要证件、一个备用手机、备用车钥匙。你还可以另外开一个独立的银行账户,哪怕里面只存几千块钱。有了这些,遇到紧急情况你就可以快速逃跑。

如果你没有可以留宿你的朋友,可以联系反家暴庇护中心①,不要认为这很丢人。如果其中牵扯到孩子,就更要好好计划了。尽可能趁对方不在家时离开!

当然,并非每次都会真的发生暴力行为。

下面列出了一些应对反社会者的策略,可以帮你保护自己:

1. 不要妄想改变他们

反社会者可能根本意识不到他们自己的行为有问题,也很少会愿意寻求必要的帮助。很可惜,只有专业的心理治疗师才能提供有效的治疗,你是不可能改变他们的,徒劳的尝试只会让事情变得更糟。

2. 避免暴露个人信息

因为反社会者总想对别人进行操纵,所以最好不要告诉他们太多信息。例如,你不应该跟ASPD患者讨论你的薪资,因为他们可能会在需要付钱的场合利用这一

---

① 我国已在多地建立了反家暴庇护场所,但调查显示,知晓率、利用率都比较低。如有需要,可上网查询你所在的地区是否有相关机构,并积极寻求庇护。——译者注

点对付你。你还应当尽量避免谈到你的其他人际关系和工作上的细节。

3. 相信自己的直觉

如果你的信心曾受过打击，那么不相信自己的直觉是很正常的。尽量不要总想着过去，要认真倾听自己的直觉。通常，我们对别人的谎言和操纵是有感觉的。要相信自己，试着退一步仔细想想，不要立刻回应，以免陷入他们编织的世界。如果你的直觉告诉你他们的话有问题，那就一定不要听信，要有怀疑一切的精神。

4. 建立边界，学会拒绝

建立边界对你的安全和身心健康至关重要。你的边界具体就表现在什么让你舒服，什么让你不舒服。

例如，你可能很高兴与某人同居，但并不想合并财产。即使对方强烈要求，你也要坚持自己的立场。这样可以使你免受操纵。

5. 适当妥协

虽然有一些硬性边界不可逾越，但在某些情况下，或许可以找到既不跨越边界又不触怒反社会者的办法。拿上面的例子来说，你可以同意建立一个联名账户，但仍保留你自己的账户。

6. 必要时果断离开

有时候,我们会感到难以压制内心的失望或愤怒。别忘了你只需要为自己的言行负责,有时你别无他法,最好的做法就是给彼此一些空间。ASPD 患者往往期待看到对方的反应,这样就能继续施展他的伎俩。这时你要坚决离开,先解决自己的情绪,平复一下心情,等你调整好状态再回来解决问题。

7. 花时间在其他人际关系上

充分利用生活中有益的人际关系。他们可能是朋友、家人、同事,甚至是点头之交。你会从这些人际关系中获得勇气,这能在你应对反社会者时帮到你。

8. 只看行动,不听言语

英语里有句谚语:"骗我一次,是你可耻;骗我两次,是我丢人。"我们大概都听过这样的话:"我会改的。""我已经改了。""我已经不是以前的我了。"这当然也有可能是真的,但漂亮话太容易说了,尤其是对于反社会者而言。只有看到了他们的实际行动,才能相信他们是认真的。

9. 寻求专业人士的帮助

患 ASPD 的不是你,并不意味着你没有承受巨大的压力。有些人和陌生人交谈比和朋友交谈更自在，专业咨询师能够帮助你分析正在经历的一切并提供指导。

10. 该结束时就结束

结束一段关系或与家人决裂绝非易事。只有你自己下定决心才能做到。不要觉得内疚。另外，你必须小心行事，不要让他们使用操纵的伎俩把你留下来。既然你决定结束这段关系，就最好切断与对方的所有联系，包括电话、短信等，还要删除社交媒体资料，这样会减少他们让你改变主意的机会。

关于重获掌控权、开始疗愈的建议

当你下定决心与你身边的反社会者决裂时，你已经迈出了至关重要的第一步，干得漂亮！不过，分手的人一般都很难保持内心的坚定，容易对自己的决定产生怀疑——万一他真的会改呢？我是不是犯了个大错？

其实你的直觉已经告诉你这是正确的选择。我们知道反社会者很少会改变。纠结于灰暗的过去不如放眼光明的未来。

这里有一些策略和技巧可以帮助你忘记这段有毒的关系：

- 不要联系他！我再次强调这一点！有些人总是会忍不住想给对方发送提醒更换空调滤芯或祝贺生日快乐的短信。这样做是在给对方机会，使他有可能乘虚而入。

- 不要在网上寻找他的踪迹，不要开车从他家门前经过，也不要向你们共同的朋友询问他的近况。大多数时候，我们只是想知道他们过得好不好，这的确是好意，但你这么做只是在折磨自己。你也许会开始回忆美好的时光，却忘记了你当初离开的主要原因。

- 别忘了你还有朋友可以倚靠。没有人希望自己的伤疤被揭开，但如果你自己无法振作起来，一定要去找朋友帮忙。真正的朋友不会揭你的伤疤，而是会提醒你当初为什么要结束这段关系。

- 找出一切有可能让你重蹈覆辙的诱因——可能是任何事物。我个人的诱因是生日、假期和纪念日。因为我知道这些对我来说都是危险的日子，所以我可以提前做好准备，防止自己回到老路上。

- 多关注自己。对自我的关注和耐心是重拾自我的两个关键因素。不过要明白，这并非一朝一夕的事，因此在情况没有如你所愿快速好转时，不要苛责自己。在这段时间里，你可以锻炼身体，关注饮食，培养新兴趣爱好，结交新朋友，让身心得到放松。

此刻，想象自己是一块白板——一切归零！最艰难的时候已经过去，之后一步一步跟着本章中的策略，你一定能走上自我赋能的道路。你会重拾勇气和信心，最重要的是，你能识别身边的反社会者，而且不会再犯同样的错误。多么令人振奋！

我还没谈到反社会人格的一个方面是自恋行为。这是有意为之，因为我想在下一章再详细讨论。

了解自恋者

第五章

反社会者最大的特征之一就是自恋。这可能也是我们在和有毒之人打交道时要面对的最气人和最头疼的事情之一。再加上他们的反社会人格障碍，真的会让我们的情绪大起大落。

与自恋者一起生活时，你总是觉得自己永远比不上对方，无法和对方平等相处。我们一方面需要努力提高自尊感，另一方面要弄清楚为什么这个人会让你产生如此糟糕的感觉。

最好的解决办法就是在和他们形成任何亲密的关系之前发现他们的自恋人格并避开他们。

如果你身边真的有自恋者，你就得学会如何一发现问题的苗头就把它解决掉，以免遭受更大的痛苦。

什么是自恋？

最近和一位朋友聊天时，我发现人们对"自恋"一词有很大的误解。他向我诉苦，他和爱人离婚了，和孩子们的距离也越来越远。他的前妻说他自恋。我吃了一惊，因为我看到的只是一个离了婚的男人全心全意为了孩子甚至前妻着想，和自恋者的表现完全相反。

这让我想起了 2011 年《洛杉矶时报》的一篇发人深省的文章。今天，"自恋"一词在很大程度上被滥用和误用。人们动不动就说别人"自恋"，或许这样能让自己内心平衡一些。

在 20 世纪 90 年代，一方面，社会上开始大力提倡追求个人幸福，把自己放在首位，强调实现个人目标。这确实是一件好事。但另一方面，凡是志向远大和高自尊①的人，都会被贴上自恋的标签。

或许有些人是好意，想规劝他人摆正心态，不要

---

① 这里的高自尊和我们平时说的自尊心强是两回事。高自尊指对自我价值的肯定，是自信的体现，而"自尊心强"是对自尊的强烈感受和反应，往往是低自尊的体现。——译者注

为达目的而罔顾他人利益,但在刚才提到的我朋友这件事上,这就是一句伤人的话。如果大家在不了解词语真正含义的情况下就随意乱用,会导致严重的问题,就比如"自恋"这个词,现在几乎已经丧失了原本的意义。

换个例子来说,想想你对"经典"一词的理解,比如说到经典乐队,我们会想到甲壳虫乐队、皇后乐队、阿巴乐队等。经典之所以成为经典,是因为它经久不衰的卓越品质。"经典"一旦成为"超棒"或"超酷"的代名词,就失去了它一部分真正的含义。"自恋"一词也是如此。

"自恋"(narcissism)一词源于希腊神话——美少年纳西索斯爱上了自己在水中的倒影。它的含义是追求自我崇拜的满足感(来源:Wikipedia)。如今这个定义并没有改变,但是更加详尽了。自恋型人格障碍(NPD)的基本特征是认为自己比别人重要,并期望获得特殊待遇和别人的赞美。自恋者还缺乏同理心,追求完美,什么都想要最好的。他们可能看上去对世界充满信心,但这通常只是表面现象。

由于他们的自尊极其脆弱,对他们的任何批评都会增加和他们打交道的难度。当自恋者没有得到自认为应得的关注时，外表不会流露出来，但其实内心非常沮丧。由于缺乏同理心，他们无法看到别人的需求和感受，因此想不通为什么他们没有获得足够的关注。而且，如果他们看到别人受到称赞或关注，会非常嫉妒，甚至演变为愤怒和抑郁。

你可能看不到，自恋者常常会有强烈的不安全感和羞耻感，再加上愤怒感、急切感和挫败感，使他们在家庭和工作中的人际关系非常困难。

和反社会者一样，自恋者也看不到自己的问题，这导致治疗很困难，因为他们不会主动寻求帮助——他们完全不屑于此！但其实NPD患者非常需要心理师的专业治疗。

自恋型人格障碍是什么引起的？

和很多其他类型的人格障碍一样，NPD的确切原因尚不得而知，但也离不开"先天与后天"的争论。不过，它很有可能是这两个因素共同作用的结果。

我们先来看先天因素，已经有研究表明了遗传因素在NPD形成中的作用，并且具有中等到高等的遗传率

(《人格障碍的双胞胎研究》，2000）。

大脑结构方面，已经证明自恋者的反社会行为和海马体、杏仁核较小有关。这是因为大脑在解读感官接收到的信息时出现了故障。与前面的例子不同，NPD与脑外伤无关，大脑的异常更有可能是童年的不良环境造成的。

通常认为养育方式对NPD的形成有很大责任，不仅是父母，而是包括所有主要养育人。任何极端的养育方式都可能会导致NPD，例如父母对孩子缺乏关注，可能导致情感淡漠，过度娇惯或过于严格都可能对儿童成年后的行为产生不良影响。其他环境因素还包括（言语、身体、性）虐待和过高的期望等。

近年来，研究证明社会的影响也会增加自恋的概率或严重程度。与传统社会相比，NPD在现代社会中更为普遍（《现代性和自恋型人格障碍》，2014）。

要慎重对18岁以下的青少年做出NPD的诊断，因为青少年的人格仍在发展，人格障碍很难诊断。家长往往读到一些症状，就开始对号入座，并产生深深的自责。许多青少年可能会有一些阶段表现出自恋特征，这只是他们成长过程的一部分。不过如果你担心自己的孩子，仍然可以咨询专业人士。

自恋者分哪些类型？

自恋有自己的谱系，也就是说有各种不同的类型和不同的程度。至于到底有多少类型，并没有公认的数量。有些分类法很受专业人士青睐，有些则是经过了认真的研究。我们只需要对自恋行为有个大概的了解，所以只介绍几种最常见的类型。

1. 健康的自恋者

每个人都有一点儿自恋。庆祝自己获胜，为自己的成就感到自豪，这样的自恋对我们是有好处的。知道自己应当得到尊重和幸福，这样的自恋也是有益身心的。一份正式的NPD诊断，至少要符合55%的最常见特征。

2. 显性自恋者

这就是许多人所说的典型自恋者，他们狂妄自大，缺乏同理心，认为自己比周围人都优越。他们往往嗓门很大，迫切想要成为关注的焦点。他们对边界感毫不尊重，对于你设定的任何边界，他们都会想方设法一点点破坏。

3. 隐性自恋者

隐性自恋者与显性自恋者正好相反。这种类型由于极其敏感的特点，也被称为脆弱型自恋。他们渴望别人的赞美，非常介意别人的批评。他们的嫉妒心很强，而且坚持认为自己的困难和痛苦比别人大得多。

4. 恶性自恋者

这种人非常恶毒，可能具有攻击性或施虐倾向。他们喜欢幸灾乐祸，而且非常善于通过各种操纵手段，故意看别人受苦。恶性自恋者很难对付，因为他们的智商往往很高，而且都用在了操纵上。

5. 病态自恋者

这种类型虽然不常见，但一般都具有攻击性和暴力性，并且对自己的行为毫无悔意。连环杀手和大型凶杀案罪犯一般都是典型的病态自恋者。

6. 躯体自恋者

身体对于躯体自恋者来说极其重要。他们大概觉得自己必须是人群中最漂亮或最健壮的，所以他们非常在意自己的体重和外表。这听起来没什么，但坏就坏在他们会将自己的需求置于所有人之上，来满足他们对身体的完美要求。

7. 大脑自恋者

大脑自恋者往往很聪明，但定义这个群体的典型特征并不在于此，而在于他们自认为比别人聪明，并且总会设法让别人显得很蠢。不管你是否在理，你和他们辩论永远都不会赢，而且很可能最后以怀疑自己的智商而告终。

8. 欺凌型自恋者

顾名思义，就可以知道欺凌型自恋者是哪种人了。他们无论如何都要赢过别人。在交往中他们习惯嘲笑他人，贬低他人，让别人自我感觉很糟糕。"普通"的欺凌者这样做是为了提升自己的社会地位，而欺凌型自恋者这样做则可能纯属心理需求。

9. 性自恋者

性自恋者也可能表现出躯体自恋和大脑自恋的特征，但这都是建立在对自己性能力自我陶醉的基础上。他们渴望听到别人夸赞自己的床上功夫，并且痴迷于自己的表现。他们的大部分操纵行为都与性有关，而且很容易反复出轨。

10. 爱情轰炸型自恋者

在最开始的时候，光是疯狂的表白就可能让你心花怒放，更别说恋爱初期的百般呵护、甜言蜜语，还有不断地送礼物制造惊喜了，这些看上去可能都很正常。然而，自恋者的爱情轰炸其实是一种操纵的伎俩，专门用来骗对方上钩，到后来被追求者往往会发现自己被玩弄了。

11. 名人自恋者

这种类型也被称为获得性情境自恋（ASN），与获得财富或名誉有关。有些人由于备受关注，于是就开始自命不凡。

发现你身边的自恋者

我们已经明确地描述了自恋者的特征和不同类型，你应该已经很清楚自己身边是否有这样的人了。不过，我们还要再列出几个值得注意的迹象：

● 最初你们交往一切顺利，但情况很快就开始变糟。

● 在你们的对话中，不管是话题的选择还是话语的多少，他总是占据绝对主导的地位。

● 他喜欢沽名钓誉，以此来满足他的虚荣心。

● 你感觉自己的情绪从未被看见和关注。

- 他没有长久的朋友。
- 他对你进行"煤气灯操纵"①，让你怀疑一切。
- 他从未对你说过一句抱歉，而且从来不肯迁就你。
- 你刚一提分手，他就惊慌失措，然后开始发脾气。
- 你一直处于他的控制之下。
- 他不为自己的行为负责。
- 在他眼里，一切非黑即白。
- 他把消极情绪投射到你身上，比如你不支持他做某件事情，他就说你悲观。
- 他缺乏同理心，因此很难和团队成员合作。

这里必须提醒一句，不要无中生有，这是很多人的习惯。如果你的伴侣忘了付账，你当然可以指责他这次的疏忽，但是还不至于因此就拿上面的列表对号入座。我们所列的这些现象必须是经常性的。我们几乎每个人都会在某些时刻觉得其中的几条好像是在说自

---

① 煤气灯操纵（gaslighting），指通过扭曲现实来控制受害者，让受害者逐渐对自己的记忆、感知、理智产生怀疑。——译者注

己，然后仔细一想，似乎无数问题都与之有关。但如果有些问题并不属于这些情况，也没有必要强行扯上关系。

如果身边就有自恋者怎么办？

我们先假定在你的生活中有些自恋的人是你无法摆脱的。我们还假定他们没有意识到自己有问题，因此可以忽略心理治疗这一选项。那么同这些人打交道的首要原则就是守住你的边界。

为何同自恋者打交道时边界如此重要？

就算你和自恋者谈了你的感受，他们也只会置若罔闻，白白浪费你的口舌。边界的建立可以让你省去情感沟通这一步。你只需要让对方知道，你的边界你做主，每个人必须尊重，否则的话，后果自负。

可以把建立边界想象成在你周围画一个大圆圈。想一想你最近遇到的难以应对的情境，选择其中一个，确定你能接受的底线在哪里，什么会让你觉得受到了侵犯。这就是你的边界。例如，你的伴侣在公共场合批评你。在朋友和家人面前你可能会接受，但在大型社交场合或同事面前绝对不行。当然你也可以不接受任何第三者在场的批评，任何人都不能替你建立边界，这是你个人的事情。

我们很清楚，不管你表达得有多明确，自恋者还是会触碰你的边界。所以当他们越界时必须让他们承担相应的后果。还拿上面的例子来说，你可以选择在他们批评你时起身离开。不管你的决定是什么，都必须百分百确定自己会贯彻执行。

告知对方你的边界时要简明扼要，比如："我不会再容忍你在别人面前批评我。下次再这样我就走人。"这就行了！不要想着你得跟他们解释为什么要设置这样的边界。最好的办法是转移话题，让他们没有机会操纵你。

一旦你将设立的边界和后果付诸行动，就会发现原来的某些怪圈被打破了，这是一个很好的开始。你做到了这一点，自然会信心倍增。下面再告诉你几个与自恋者打交道的策略：

尽量别让自己卷入他们的情感游戏

现在，你对他们玩的游戏已经心知肚明，在被操纵时也会有所察觉。但是很可惜，只要你一回应，还是正中他们下怀。最佳策略就是以退为进。下次当你认为对方说的话只是为了看你的反应时，只要说"对""好吧"……，这样他们就无计可施了。

审慎地采取相应的态度

如果形势允许，只需要附和他们就可以了；但是如果你觉得他们的行为越界了，就要据理力争。整个过程最好保持冷静，不要让他们看到你的痛苦。不管他们说什么，不要感到自责、羞愧、内疚。如果你犯了错，你可以承认并道歉。但是不要让他们将自己的感受投射到你身上，令你怀疑自己。你只需要对自己的情绪和行为负责。

降低期望值

即使伤痕累累，有些人依旧怀有一丝希望，想着有一天，那个人能够幡然醒悟，痛改前非。如果你想保护自己的话，是时候抛却这些不切实际的幻想了。别再妄想他们会同情你的处境，别再等待那场永远也等不来的忏悔。

不要纠结过去

前面我们已经说过了接纳的话题，那么这一点就比较容易做到。过去的事就应该留在过去。几个月或几年前你还没有学习如何与自恋者打交道，因此回忆当时发生的事情毫无意义。既然现在你掌握了相关知识，那就把精力放在如何解决当下的问题上。

寻求必要的帮助

如果你觉得自己难以应付当前的局面，请向外界寻求帮助。他人的支持很重要，能帮助你把事情向好的方向推进。你可以向关系亲密的家人或朋友倾诉，也可以进行专业的心理咨询。不要认为自己只能独自承受痛苦。正如前面所说，人格障碍比我们想象的要普遍得多，现在又有很多求助的渠道。

当你试过一切之后会发生什么？

不考虑性别因素，有少数人很难结束任何关系。虽然他并不是真的爱你，你却是真心爱他。即使处于最低谷的时候，你的内心也会有一丝希望，认为事情可能会有转机。我们可能还有一个顾虑：如果我现在放弃了已经拥有的，下一段关系会不会依然如此呢？

听起来我们只是在谈论恋爱关系，但其实这适用于所有关系。你无法选择父母，但你可以找到让你既能充分享受被爱，也能全心付出爱的亲密关系。

摆脱自恋者的第一步就是彻底下定决心迈出这一步。一个常见的错误是"分手—复合"模式，这也常常出现在非恋爱关系中。你以为你已经下定了决心，结果又回到了他身边，然后再分手。即使对方只是普通人，这样做通常也只会延长你的痛苦，更何况对方还是个自恋者，你百分百会更痛苦，因为他们是不会改变的。只有彻底下定决心，才能防止重蹈覆辙。

接下来，就需要考虑实际生活了。如果对方是伴侣，那么你需要提前安排住宿和其他方面。如果对方是朋友，你是打算仍然出席有他们的朋友聚会呢，还是坚决避开他们？有没有你们必须一起参加的家庭活动？有没有办法和自恋的同事永远保持距离？只要有可能，最好一刀两断。如果做不到，那就只在必要时才和对方联系。

你可以列出自己的新目标和想做的事，下面这些可供参考：

- 培养一项新爱好
- 读一本书
- 整理自己的物品

- 参加新的社交活动
- 学习一项新技能
- 学习在线课程
- 锻炼身体
- 旅行
- 换个新发型/买些新衣服
- 继续为事业拼搏

这份清单可以帮助你专注于自我,并时刻提醒你当初为什么要离开那个人。清单应该包括所有你想做但没做的事情。

准备好你想说的话,充分的准备会让你更加自信。你无须长篇大论,只要告诉对方,你觉得你们的关系不再健康,所以你决定放手前行,这就够了,不必解释你为什么这样决定。记住,你说得越多,他们乘虚而入的机会就越多。

要允许自己为这段关系的结束伤心一阵子。这个过程需要正确对待和处理,不要指望一觉醒来生活就会变好。同时,也要注意不要在这个阶段停滞不前,这时你的目标清单就派上用场了,把它放在手边,一项一项地完成吧。

现在你已经摆脱了那个自恋者，可以开始和此前没时间交往的朋友恢复联系了。好笑的是，如果自恋者是你的父母，那么你或许有机会和从前的恋人再续前缘了。想想那些你很久没见的中学或大学同学，和他们联系一下吧。在你积攒力量、重拾信心的过程中，新朋老友都将是你的精神后盾。

曾经对我很有帮助的一个练习，就是写下身边的自恋者所有的负面行为。这是一个超长的清单，但我还是把它们一条一条都列了出来，写在纸上。然后，我尽可能找出一切会让我想起他们东西——照片、礼物等。我拿了一个袋子，把这些东西都丢进去，也包括那张清单，然后把它们全都扔掉了。这样做让我产生一种如释重负的解脱感。

现在你可以开始追求美好的新生活了。由于长期深陷在负能量的沼泽中，你需要一段时间来重新训练大脑。其实，只要你愿意去寻找，你就会发现生活中有很多美好的事物。如果你发现自己实在无法看到美好的一面，那么最好去看一下心理医生——他们可以帮助你找到正确的方向。

如何避免以后再遇到自恋者？

虽然并非我们自己的过错，但人的确很容易在同一个地方摔倒两次。鉴于此，不管你要开始哪种新关系，最好在此之前先给自己一些时间，好好考虑一下你是谁，你想从生活和关系中得到什么。临床执业心理医师拉马尼博士称之为"深潜"——回顾已经发生的事情，从过往的关系中吸取教训，更好地了解自己，这样你才能知道如何避免重蹈覆辙。

拉马尼博士还讲解了我们是如何将创伤储存在体内的。理智会慢慢放松，但我们还是要相信自己的直觉反应，就好像感到哪里不对劲时，我们的汗毛会不自觉地竖起一样。总有一天，你会结识新朋友、新同事和新伴侣。不要对谁都怀着防御心理，先入为主地认为他们会像以前的人那样对你。这样完全不给别人机会是不公平的。我们开始每段新关系时最好都能像一张白纸。但是，万一你真的有似曾相识，仿佛又要回到老路上的感觉，那就及时抽身。这是你的直觉在给你敲警钟，保护你免于再次遭受好不容易才摆脱的痛苦。

到目前为止，我们已经讨论了两种危害最大的有毒之人。这并不是说其他的人格类型和行为我们就要忍受。下一章，我们将讨论其他类型的有毒之人，看看他们是如何把我们的生活搞得一团糟的。

第六章 / 并非所有的有毒之人都是自恋者或反社会者

幸好，并非每个人在生活中都会遇到自恋者或反社会者，但这并不是说他们不会碰到有毒的人。到目前为止，我们已经讨论了最极端的有毒之人。可惜，人们还有其他无数种有毒的方式，甚至有可能束缚我们的思想，使我们总想围绕他人的感觉塑造自己的人生。一个人没有在肉体上虐待你，并不代表他们的行为就没问题！

那么到底"有毒"是什么意思呢？不可否认，每个人都可能有有毒的时候，包括我和你。所以我们有必要了解怎样才叫"有毒"，以及如何判断一个人只是当前的行为有毒还是这个人有毒。

什么是有毒行为？

首先，我们必须强调，你生活中的有些人可能并不算有毒之人，有毒的可能只是他们的行为。而那些对你产生了极大负面影响的人，才能称为有毒之人。

有毒行为是指生活中任何会引起冲突并让你感到不快的态度、言语或行为。根据这个定义，显然每个人都有可能做出有毒行为。就在上周，我的所作所为让朋友感到非常难过，我意识到我伤害了他们的感情。这就是有毒的行为。我不是故意的，我向他们道了歉，然后我们握手言和。但无论如何，是我造成了他们的痛苦。

主要区别在于，意识到自己的行为并进行弥补，这是大多数成年人都能够做到的。而那些有毒程度极其严重的人很少会道歉。从现在开始，我们把他们称为有毒之人，而不仅仅是行为有毒的人。我不希望你因为惹恼了别人就开始感到内疚和担心——你并不是一个有毒之人！

有毒之人可能是操纵者，他们的行为往往缺乏稳定性，让你无法理解。前一分钟他们还很开心，下一分钟就可能放声大哭，抱怨自己过得不好。当你和这样的人在一起时，不仅会感到不舒服，就连自我感觉也会变差。

有毒之人往往也是"戏精"，生活中经常会没事找事，其中的方式之一就是跨越别人的边界。

有些有毒之人可能有吸毒或酗酒之类的问题。这并不是说每个吸毒或酗酒的人都是有毒的，但如果他们的行为对你的生活产生了负面影响，就会变成你的问题。

与自恋者和反社会者不同，"有毒"不属于精神障碍或人格障碍，但这并不是说有毒之人的行为背后没有心理健康问题。

糟心事和有毒行为的区别是什么？

为了理解两者的细微差别，我们来看几个别人分享的真实案例，然后再详细分析糟心事是怎么变成有毒行为的。

米歇尔和我们多数人一样，生活中经历了各种酸甜苦辣。她的健康有些问题，更不幸的是，恋人也因此和她分手。但是，她依然充满斗志，努力工作，并获得了加薪和升职。每次米歇尔情绪低落时，她的朋友都陪在她身边，陪她一起去看医生，帮她清理男友的东西。

但是，当米歇尔升了职想邀请这位朋友出去庆祝时，朋友却不接电话，也不回信息。当她终于联系上朋友时，朋友只回应了一句"挺好的"，语气中带着一丝不愉快，而且两秒钟后，就把话题转到别人的八卦上了。

又有一次米歇尔邀请这位朋友共进晚餐，想聊聊她新结交的一个男人，朋友拒绝了邀请，还带着讽刺的语气说："这么快呀？"米歇尔感到无语，因为在她需要朋友的时候自己对她那么好。

当我们和朋友分享好消息时，他们没有马上表现出喜悦的心情，或许是因为他们自己心里有事，才会心不在焉。但是米歇尔的朋友却并非如此，米歇尔每次和她分享快乐都被她浇了一头冷水。虽然她并没有完全无视米歇尔庆祝的原因，但她的回应方式确实算得上"有毒"。讽刺就像盐，适量的盐可以给菜肴增香，但太多的话就会毁了整道菜。像米歇尔的朋友这种只能共患难不能共富贵的行为就是有毒行为。健康的友谊是任何时候都能互相支持——无论顺境还是逆境。

保罗和卡门都是全职员工。保罗的工作是体力劳动，卡门的工作是脑力劳动，但两人的工作都很累。和大多数夫妇一样，他们也有很多家务要做，还有年幼的孩子要照顾。

卡门在家工作，保罗每天三点半回来，他会坐下来打个盹儿，然后去做他喜欢的事。有一天，孩子生病了，卡门因为照顾孩子落下了工作进度，这让她抓狂，于是跟保罗吵了一架。平静下来之后，她向保罗道歉，并解释说她需要他共同分担家务，因为他们对家庭有同等的责任。但是保罗不接受她的道歉。

相反，他夸大事实，说了很多"你总是唠叨"和"你从来不让我做自己喜欢的事"之类的话。他还经常批评卡门每天的时间分配得不好，说如果她能做好时间管理，就不会嫉妒他有自己的生活了。不管卡门如何解释，保罗总是能提出反驳意见，让她怀疑是不是自己错了。

很容易看出，两人的关系是有毒的——旁观者清。当你身在其中时就难了。卡门今天心情不好，她发火了，还大吵大嚷。这当然不是最好的沟通方式，但我们都会这样。

而保罗却是把自己的需求置于家人的需求之上，不愿意承担责任，因此这段关系是不平等的。他不仅不支持妻子，还一味地批评她。卡门不欠保罗的，她不需要在一大堆家务事之外还得照顾他。夫妻双方的需求是同等的，应该得到同样的重视。

詹姆斯的姐姐是个十足的控制狂。她生活中的每件事都要按照她的计划和安排执行。事事都要列清单，安排好的事情绝不能更改，制定的规则必须遵守。她来詹姆斯的公寓时，有时会把椅子调整一下角度，因为这样看起来更好；有时会带一罐空气清新剂，因为这样闻起来更香；有时还会将书籍按高矮顺序重新排列。而且她自认为做的每件事都是对的。

如果你试图反驳她，或者仅仅表达不同的观点，她就会把你当作一个这方面毫无经验的孩子对待。她制定的家庭活动计划，没有人可以反对，甚至连提出建议也不行。詹姆斯常常只能两害相权取其轻，以免他的姐姐发脾气，连累到父母。

詹姆斯的姐姐在自己家里做什么是她的自由。说实在的，我们都有自己的小怪癖，要么改不了，要么不想改。我承认，我也喜欢按照高矮排列书籍！但是当她想控制詹姆斯的生活时，她的行为就变成有毒的了。当然詹姆斯或许很乐意让她来到他的住处，并像在自己家里一样随意，这种做法可能并未侵犯他的边界。但是当她不允许詹姆斯有自己的想法、感觉和观点时，她就越界了。这是我们每个人都应该拥有的权利。

汉娜有一位同事，平时很容易相处。他待人友好，又不乏专业精神，因此合作得很愉快。汉娜的同事杰米喜欢被人关注，经常在办公室讲故事娱乐大家。

一天，杰米说他在悉尼住了一年，但是汉娜想起她上次听他讲这个故事时说的是墨尔本，于是就指了出来。他说："没错，那是在这之前。"汉娜没再多想。但是随着时间的推移，她发现这是杰米的常态，他的谎话越来越多。起初还都是一些无伤大雅的小谎，唯一的害处就是无法再信任他了。

但是慢慢地，谎言开始蔓延到工作中。他会谎称一份报告已经完成，或者告诉老板，他交代了汉娜去做一些事情，但其实并没有。有一次他甚至对客户撒谎，导致公司失去了该客户，整个团队都蒙受了损失。

信任是任何关系的基础。没有信任，我们就无法建立真正的关系。同事之间在自己的私生活方面说一些谎话，并不会影响到大家的工作关系。但是，当杰米开始在工作方面撒谎，造谣同事时，他的做法就从可以容忍的行为变成了有毒行为。因为他的行为不仅给汉娜，也给其他共事的人带来了负面影响。他的撒谎行为不仅让汉娜无法信任他，还在整个办公室播下了怀疑的种子，大家都不知道还有谁可以信任了。

值得注意的一点是，当你一边看这些案例一边点头时，一眼就能看出其中的有毒行为，甚至是有毒的人。那么，为什么我们对身边人的有毒行为却很难看清呢？一句话，爱使人盲目，所以我们会对有毒的行为视而不见。

当爱蒙蔽了你的双眼，让你无法看清对方的有毒行为怎么办？

对于我们最亲近的人——伴侣、朋友、父母和兄弟姐妹来说，我们往往不容易看清他们的有毒行为。很多时候，是因为我们已经和他们相处太久了，所以已经接受了他们就是这种人的事实。还有些情况下，是因为我们的爱太过盲目，导致我们看不清真相。

你最亲密的人的有毒行为，有一个最大的问题，就是这些行为可能是慢慢出现的，而且不易察觉。比如，你在有毒的父母身边长大，但直到成年后你才意识到他们的行为对你有多大的影响。又比如，你曾经和兄弟姐妹关系很好，但当你们开始各自生活之后，他们或许是结识了一群狐朋狗友，耳濡目染，慢慢地，你发现他们变了,你们的关系也受到了影响。

至于朋友,可能是你们之间发生了一些困扰你的小问题,你希望自己能改变,直到你们在一起遇到了大事,才让你看清他们的有毒人格。

我们来看一下在三种不同的关系中如何发现不易察觉的有毒行为。记住,有些特征可能适用于所有亲密关系。

如何发现家人的有毒行为:

- 你和他们在一起总是如履薄冰,小心翼翼。
- 他们动不动就争吵,而且常常进行人身攻击。
- 他们不接受你的性取向。
- 他们不接受你选择的伴侣。
- 他们不尊重你的意见和观点。
- 他们干涉你的育儿方式。
- 你感觉自己无论做什么都只是为了获得他们的赞赏。
- 你的家人总是让你失望。
- 他们对你使用暴力。
- 他们控制你,期望你和家里其他人一样行事。

如何判断朋友是否有毒：

● 你们约好的事情他们常常取消，或者干脆放你鸽子。

● 你开始害怕和他们在社交场合见面。

● 和他们在社交场合见面之后你会感到难过、生气、焦虑或疲惫。

● 他们酗酒之后爱挑事，还会冒犯你。

● 他们使你为自己做了想做的事情而感到内疚。

● 他们总是说你的闲话。

● 他们在社交媒体上发布你的负面信息。

● 你为他们做事从未得到过感谢。

● 你觉得自己被霸凌了。

● 他们不尊重你的私人空间。

不要让爱蒙蔽你的双眼——发现伴侣的有毒行为：

● 你们无法正常交流，一说话要么就吵架，要么就话里带刺。

● 对方从不支持你。

● 你开始感到嫉妒和愤恨。

● 你的伴侣在财务方面的重大决定事先不和你商量。

- 你害怕伴侣生气，和其他朋友也断了来往。
- 你不再自爱，不再关心自己的身心健康。
- 你没有时间做自己喜欢的事。
- 你不断地在心里对自己说这只是暂时的，一切会好起来的。
- 你发现自己开始为了避开他而说谎。
- 他在朋友和家人面前奚落你。
- 你们的关系中缺乏平衡和平等，对谁该干什么也没有达成共识。

这些有毒行为的危险之处在于其传染性。有毒的人经常说谎，跟他们相处久了，你可能会发现自己也会为了避免冲突而说谎。网上见到的被霸凌者转头去霸凌别人的案例还少吗？

即使身边存在这些有毒行为，你也只能对自己的行为和情绪负责。尽管听起来很残酷，但你必须学会摆脱困境，不要让最亲近的人继续伤害你。

防止亲近之人对你实施有毒行为的简单步骤

现在我们已经看清了事情的本来面目，可以开始采取一些小步骤来改善现状了。我们之所以从比较小的步骤开始,是因为这样更容易成功,从而使你更有信心,今后处理棘手的情况也更加轻松。

1. 忘记过去的事

这可不是一句"既往不咎"那么简单,因为过去造成的痛苦会伴随着我们。如果你的伴侣有了外遇,你不可能让事情就这么过去,并且还能信任他。我们说"过去的就让它过去",意思是说在沟通时不要翻旧账。这样做没有任何好处,还有可能引发新的冲突。重要的是弄清当前发生的事情,以及你希望看到怎样的变化。

2. 找出他们问题的根源

他们甚至可能都没有意识到自己的行为不妥,也不知道这种行为对你们的关系有多大损害。想办法找到他们的行为背后的根源,但一定要让他们知道你并非在为他们对你所做的一切找借口,而是想理解他们,帮助他们克服自身的问题,这样有助于减少他们的有毒行为,也能增强你们的关系。当然,如果他们不愿意接受自身有问题的事实,想要有所改变就可能要费一番周折。

3. 要勇于承担责任而不是一味指责

人往往很难承认自己犯了错误。有时我们会误认为承认错误就等于承认自己的失败和软弱。相反，挑别人的错就容易多了。虽然你是在设法阻止他人的有毒行为，但仔细想想那些发展为有毒行为的糟心事，其中是不是也有你的责任？如果有，那就最好勇敢地负起责任。这样你就给他们做出了表率，让他们看到人是应该为自己的言行负责的，也让他们看到必要时该如何道歉。但是，永远不要为不属于你的过错道歉，也不要让自己被操纵着说对不起。

4. 学会对有毒行为说不

我知道你不想打破现状，甚至担心不知道会得到什么回应，但现在是你摆脱受气包身份的最佳时机。除了爱和尊重，你不应该受到任何不公正的对待。如果有人对待你的方式让你感到痛苦，一定要告诉他们这种行为是不对的。和他们沟通要选择最佳的时机，而且一定要情绪平和，如果你担心对方会发火，可以选在公共场所或叫上你信任的人。

5. 建立边界

与任何有毒之人打交道时，边界都很重要。这也可以让人们知道你对某些事决不容忍——不管是什么事。一旦你建立了边界，就应该明确告知他们，而且，由于有毒之人都喜欢越界，你得反复强调越界的后果，并且一定要说到做到，这样他们才会知道你是认真的。如果你不加强自己的边界，有毒之人就会乘虚而入，故技重施。

6. 学会爱自己

如果你一直把自己放在第二位，那么现在是改变这种状况的时候了。如果你不让对方明白你的幸福同样重要，他们就会继续无视你的需求，把他们的需求置于你的需求之上。要学会关心自己，去做自己想做的事，无论是锻炼、看电影，还是去下馆子，大胆去做。别总想着等你爱的人和你一起去，独自做这些事情会令你产生不可思议的力量——这和孤独完全不同！

7. 给对方一些时间去改变

只要你们双方都积极努力改进，事情一定会向好的方向发展，但不会一蹴而就。你想要改变的有毒行为不是一朝一夕，而是经年累月形成的。这就像你本来是靠右行驶，突然让你改成靠左行驶。每一天都比前一天更熟练，但时不时也会遇到一些挫折。记住，你得亲眼看到他们的变化，而不是只听他们说自己会改。

8. 确定你愿意和对方联系的频率

联系的频率大致可分为三个级别。第一种，你可以尽量避开对方会做出有毒行为的场合。例如，如果你的朋友酒喝多了之后会有不当的言行，你可以拒绝和他出去吃饭。第二种，如果你决定和对方尽量少接触，那就只在类似婚礼、葬礼这样的集体场合见他们。第三种就是完全不联系。这显然是最困难的，因为你们的关系摆在那里。有时，即使你和他们联系已经很少了，但每次联系还是会让你感觉很糟糕，这种情况下你可以设定一个时间段和他们断绝联系，比如一个月、几个月，甚至一年。在这段时间里，你可以好好分析一下，如果没有他们，你的生活是更好还是更糟，然后再决定是否要重新联系他们，再看看他们在这段时间内是否发生了重大转变。

为了更好地应用这些策略，我们还是以前面的几个案例为例，来看看在米歇尔、卡门、詹姆斯和汉娜的处境中，如果他们知道如何应对有毒行为，事情会怎样。

米歇尔和爱八卦的朋友

有些人特别热心八卦,可能是因为他们想从自己的现实生活中暂时逃离。人们对自己的问题往往觉得很难解决,产生深深的无力感,但是对于别人的哪怕是很棘手的问题,都更容易找到解决办法。很多时候,人们热衷于别人的事是因为他们无法解决自己的问题,而插手别人的事情能让他们忙碌起来,替别人解决问题能让他们有成就感。

这种情况下,对方只有在你遇到问题时才会陪在你身边。你需要暂时把你的问题放在一边,帮助解决他的问题。由于有毒之人到处都有,他们身边很可能也有有毒之人需要应付。

米歇尔的最佳做法是把注意力转移到她的朋友身上,让朋友敞开心扉,说出困扰她的事。朋友对她的那些刻薄的嘲讽很可能是因为自己也遇到了烦心事。

这就是我们平时所说的"递出橄榄枝"。你给所爱之人一个解释他们行为的机会,或许就能让他们意识到自己的错误。如果他们不愿坦诚地说出自己的烦恼,或者他们告诉你自己什么事都没有,那么你就要让他们知道他们的言行伤害了你，而且你希望从今以后，不管是高峰还是低谷都能和他们一起经历。

卡门和索取型丈夫

虽然生气不是最好的解决办法，但这不是问题的根本所在。卡门和保罗之间的沟通存在问题，而且很严重，才导致保罗做出那些有毒行为，卡门也慢慢地表现出更多的有毒行为。为了打破这种恶性循环，保罗和卡门需要好好谈谈，最好在两人都不累且有人照顾年幼的孩子时进行，以免分心。

沟通时应该尽量多以"我"开头，少以"你"开头。以"我"开头的话强调的是自己的感受，以"你"开头则更像是在指责。对比一下"我觉得很累，我希望你能帮我分担一些家务"和"你不帮我分担家务，让我觉得很累"这两句话的差别。两人还应该制定一个平等的分工计划，这样家庭才会更加和谐。此外，卡门还应该在自己身上多花些时间，这样保罗就不会说她嫉妒自己了。最后，卡门应该再有耐心一些，这样他们一定能重修旧好。

詹姆斯和控制欲强的姐姐

控制欲太强的一个常见原因是焦虑症。我们都体会过面对人生毫无掌控力的那种焦虑心情。但有些人的焦虑感太强，他们只能通过控制一切可以控制的事物才能找到内心的平和。詹姆斯可以尝试多理解姐姐的感受，也可以鼓励她去看心理医生。

如果这些都不起作用，他就需要严格划定边界，并告诉姐姐越界的后果。如果姐姐仍不思悔改，詹姆斯也可以通过适当减少联系来进行自我保护。

汉娜和撒谎成性的同事

人们撒谎的原因有很多，可能是为了避免尴尬，可能是为了不让某个人受到伤害，也可能是为了自我感觉更好。正如我们之前说过的，是在个人经历方面偶尔撒撒小谎，还是真正的欺骗行为，两者之间是有界线的。汉娜应该在同事刚越过这条线的时候就提醒他，让他知道工作场合不允许说谎。

还有一件很重要的事，就是一切都要保存记录，尤其是在工作场合。每一条信息、每一封邮件和每一个谎言都要保存为文档。这听起来可能有点小题大做，但当你的工作或职位受到威胁时，就可以把这些交给人力资源部。还可以鼓励其他同事也照做，这样就不会让一粒老鼠屎毁掉一锅汤了。

不同行为的有毒程度也千差万别。有时候可能只是一些很琐碎的小事，让你不堪其扰；有时候则是很大的事，让你的生活面目全非。不同的人面对的情况也不可能一模一样，更何况每个人都有自己的个性。因此，不存在一种放之四海而皆准的解决办法。本章列出了一些行之有效的方法，帮助你和最亲近的人解决这些问题。这一次我又故意留下了操纵行为没有讨论。所有的有毒行为都源自操纵。我们会在下一章专门讨论当今世界操纵行为的普遍性，并深入探究这种行为背后的阴暗心理。

罪魁祸首是操纵

第七章

> 在你未意识到自己的思想是多么容易被操纵之前,你一直都是别人游戏中的傀儡。
>
> ——艾薇塔·奥歇尔

多年前,我曾经像个傻瓜一样一次又一次地任人摆布,每每事后才恍然大悟:"伙计,你又被耍了。"我被操纵的时候竟然毫无察觉,预判显然就更不可能了。

有毒行为和心理操纵是相伴相生的一对密友。它们会相互碰撞,相互助长,在你全然不知的情况下悄悄靠近你。当我们被操纵时完全察觉不到是很正常的,因为没有人愿意相信自己的朋友和家人会使用这种伎俩。

什么是操纵？

"操纵是为了自己的利益，通常以不公平或不诚信的手段控制某人或某事的行为。"（剑桥词典，2021）对人的控制包括控制他们的情绪、思想、行为和人际关系。

是否还记得我们之前提到过，当别人问我们过得怎么样时，我们总是习惯说"挺好""还可以"？这实际上也是一种操纵，因为我们在控制别人对我们的印象——我们不想让别人看出我们的悲伤、愤怒或抑郁，只想让他们认为我们过得很好。我们大多数人都会这样做，所以不必担心你是一个操纵者。这是正常的反应，并非为了获得个人利益，而是为了不让别人担心。

下面是一些操纵的例子：

- 撒谎或隐瞒
- 威胁或暗示性威胁
- 强迫他人与所爱的人分开
- 被动攻击
- 语言暴力
- 知识霸凌
- 煤气灯操纵

- 性操纵
- 制造权力失衡
- 故意用坏消息让你猝不及防地受伤
- 冷暴力
- 扮演受害者

人们的操纵行为可能是无意识的，但也可能存在另一种极端情况——完全是恶意和故意的操纵。受害者想要取悦这些人，最终都会感到身心疲惫，甚至有可能患上焦虑症或抑郁症。他们不仅会开始隐瞒自己的情绪，还会发现自己很难与他人建立信任关系。

操纵者的种种有毒行为往往也是由心理问题引起的。比如自恋者和反社会者就经常使用操纵的伎俩，而且他们完全清楚自己在做什么。

确诊为边缘人格的人也可能使用操纵手段满足自己的需求。但并非只有心理有问题的人才会操纵别人，一个人也可能因为害怕或焦虑，而想要控制周围的一切。

为什么操纵如此"有毒"？

现在世界上有很多操纵的例子，人们已经司空见惯,以至于根本就不认为自己被操纵了。

营销和广告就是使用操纵手段使我们选择特定的产品或服务的。这个例子听起来似乎不值一提,但是请想象一下:你一直在用固定的一款洗面奶或牙膏,肯定有你的理由,但是某天你看到了一则广告,于是决定试试这种新产品。结果可能是洗面奶没什么效果,或者牙膏的味道很难闻,但是这家公司成功地改变了你的购买习惯,赚到了钱。

现在,如果你从非营销的角度看这个例子,道理也是一样的。你凭常识和感觉做出了购买某种东西的决定,虽然你相信这是正确的选择,但还是有人能够用心理学让你改变主意。因为他们想达成的目的和你原来的选择之间是冲突的,往往不符合你的最佳利益,因此会给你造成损失。人际关系中的操纵极其有害,甚至会导致关系的破裂。我们来看一个例子。

苏珊和肖恩在一起已经一年了,他们决定搬到一起住。此时,有毒行为的苗头还未出现,他们还很幸福。

一天晚上,苏珊想和朋友们出去玩,但肖恩不想去。他再三恳求苏珊不要出去,因为他已经计划好了在家里度过一个浪漫的夜晚。苏珊觉得满心甜蜜,于是取消了她的计划。

渐渐地,这种行为变成了一种习惯,苏珊完全不能与朋友、家人见面,不能加班,甚至不能去健身房,每次肖恩都坚决地告诉她还有其他计划或任务。苏珊的朋友和家人都很生气,最后干脆不找她了。过了六个月,她的父母才见到她,发现她瘦了很多,还缺乏信心,容易紧张。

苏珊对此没有丝毫察觉,她是在不知不觉中被操纵的。肖恩用爱作为伪装来得到他想要的东西,结果苏珊误以为这是真爱。在操纵朋友、同事和所爱的人这方面,男人和女人没有什么差别。

操纵者有何共同之处?

虽然操纵手段花样百出,但操纵者还是有一些共同的伎俩和特征的。了解这些可以帮助你尽早发现苗头,做好应对的准备。

1. 他们不会直接提出需求

无论我出于什么原因需要朋友的帮助,我都会直接说出来,而且我已经通过学习提升了自己的情商,所以无论朋友如何回应,我都会表示尊重。而操纵者永远不会直接说出他们的需求，因为这样会暴露出控制的本质。相反，他们会利用心理手段来控制他人。

2. 他们是"煤气灯操纵大师"

"煤气灯操纵"是最令人痛苦的操纵手段之一，因为它会让你开始怀疑自己的认知和精神状态。比如你让伴侣去购物，他没去，转头却说你根本没让他去。操纵者还会采用一些误导的说法，比如"你确定你感觉还好吗？""你就是精神有问题。"这会让你对现实产生怀疑。

3. 他们会把自己的情绪投射给别人

投射是指一个人把自己的感觉转移到另一个人身上。在大多数情况下，这是一种防御机制，但操纵者会利用它让别人为自己的负面情绪负责。例如，一个愤怒的操纵者指责被操纵者总是生气，或者一个说谎的人怀疑伴侣也在说谎。

4. 他们爱给人贴标签

给人乱贴标签会造成不良影响，因为操纵者不会花时间或精力去理解你究竟在说什么。

比如，爸爸在工作中遇到了问题，并向妈妈说了详细情况。孩子们问爸爸怎么了，妈妈说："他又心情不好了。"这就是在贴标签。爸爸生气是有原因的，但妈妈这么说只会让孩子对他产生不好的印象。

5. 他们总爱开不合时宜、令人讨厌的玩笑

这种行为有点像霸凌，不过如果某个人总是拿你开玩笑，而且这些玩笑伤害了你的感情，那么这个人就是一个操纵者。在其他人看来，他们只是在开玩笑，没什么恶意。但实际上他们完全清楚这个笑话会让你难受，他们甚至还会说是你太敏感，这无疑是在你的伤口上撒盐。

6. 他们会挑拨离间，惹是生非

当面对一个人好得不得了，背地里却说人家的坏话，这种伎俩对操纵者来说是信手拈来。他们用这种手段来控制别人对你的看法，这在朋友或同事的圈子中尤其危险。他们还会告诉你别人在背后怎么说你，而且往往会信口开河，夸大其词。

7. 他们会转移话题

操纵者一旦感到必须要为自己的情绪或行为负责时，就会转移话题。这种情况有时很难察觉，因为其中没有明显的恶意，但他们这样做是为了逃避责任。

8. 他们永远对你不满意

就算你完全按他们的要求去做，也达到了他们要求

的目标，他们还是不满意，会提出新的或更高的要求。你会发现你一直在努力向他们证明自己，却永远也达不到他们的期望值。

看完这几点，你或许意识到自己被操纵了，根据我个人的经验，你可能会生自己的气。不要这样，你并不愚蠢，受到这样的对待也并非你的错。这些人长期以来一直都在使用这些伎俩——他们已经习惯成自然了。重要的是现在你已经识破了他们的伎俩。

操纵的暗黑心理学

暗黑心理学是专门研究操纵和控制的学科，心理学家乃至犯罪学家用它来解释由操纵引起的各种问题。黑暗三联征（Dark Triad）是一组由三种具有破坏性的负面人格组成的特质群，包括自恋、精神病态和马基雅维利主义（Paulhus and Williams, 2002）。具体来说，黑暗三联征包括：

自恋：自我中心，缺乏同理心，自我优越感。

精神病态：表面上既有魅力又很善良，但实际上自私且缺乏责任心。

马基雅维利主义：使用操纵手段压榨他人，毫无道德感。

黑暗三联征听起来很严重,你可能会认为这种情况不太常见,但事实恰恰相反。下面列出了在日常生活中利用黑暗三联征的一些具体方式:

● 阿谀奉承:有求于人的时候就请客送礼、溜须拍马、嘘寒问暖。

● 说谎:可能是真假参半、夸大其词,也可能是彻头彻尾的谎言。

● 故意冷落:有多种表现,比如对对方不闻不问,或者拒绝身体接触、拥抱、亲吻和性行为。

● 提供虚假选项:表面上给人提供两个或更多的选项,但实际上没有一个选项是对方真正想选的。

● 恶意利用逆反心理:告诉一个人不要做某件事,其实是诱导他去做那件事,或者反过来。

● 故意曲解语意:很多话在不同的语境下有多种含义,说话者使用哪种含义,一般来说双方都是很清楚的,但操纵者会故意曲解为另一种含义。

黑暗心理学和黑暗三联征相当常见。有些人不设法避免,反而还向他人传授这种行为,例如一些销售和营销公司。部分人为了达到目的、满足欲望，就是如此不择手段。

我被操纵了吗？我可以避免吗？

也许你有时会怀疑自己被操纵了，只是还不能确定。相信自己是认清操纵本质的第一步，这样一有苗头你就能及时发现，不会让事情变得不可收拾。

可以问问自己下面的问题，尽量严格一点儿，只回答"是"或"否"。如果我们回答得模棱两可，就是在为他们的行为找借口。

- 现在的局面是你的责任吗？
- 如果做了这件事你会感觉良好吗？
- 你做这件事是怕引起别人的强烈反对吗？
- 你是不敢拒绝别人吗？
- 有任何附加条件吗？
- 如果位置互换，对方会为你做同样的事吗？
- 你的直觉告诉你这是正常的吗？

不要强迫自己做任何你不想做的事情，我们都有权利说不。如果你觉得某件事会损害你的利益，就应该马上停止。建立边界和直接拒绝是避免操纵的最佳方式，但并非每个人都能不学自通。因此，稍后我们会进一步探讨如何提高这些必要的技能。

其实有一个非常简单的避免被操纵的方法，那就是告诉其他人你的想法和打算。人们对你的感受、你在做的事和你的目标等了解得越多，操纵者就越难控制别人对你的看法。另外，一定要把一切都记录在案，并与他人共享。比如你给部门每个人都发了邮件，告诉他们你为了完成部门目标要采取哪些具体步骤，这样部门内的操纵者就无法推卸责任了。

同样的道理，还要广交良友。你身边的朋友中见多识广的人越多，操纵者就越难孤立你。更重要的是，如果你身边有一群善良、积极的人，你就能够自由地讨论问题，交流观点，从而拓宽视野，丰富阅历，提升直觉。这个办法非常值得一试。

最后，要坚定而自信地告诉操纵者，你知道他们的目的，而且你不会容忍。注意多摆事实，少谈情感，因为有了真凭实据他们就难以否认。操纵者很难接受自己的所作所为被揭穿，所以可能会发生冲突，但不管他们什么反应，都不是你的责任。一定要牢记自己的目标，同时也要为自己感到骄傲，因为你做了很多人不敢做的事。

　　拒绝操纵者，防止其施展操纵伎俩，这是一方面。一旦你知道自己在这场操纵的把戏中处于上风，并成功地保护了自己，内心会更加强大。另一方面，如果操纵者已经侵入了你的生活，而你还不确定如何对付他们，我们依然有机会结束这一切，甚至可以达到更好的效果。下一章我们就重点讨论当你无法避开操纵者时该怎么办。

如何摆脱操纵

第八章

既然我们已经了解了操纵的普遍性，就很容易理解并不是所有的操纵都能够避免。想要完全不受操纵行为的影响，就需要与生活中的许多人切断联系，永远不认识新的人，当然还必须屏蔽所有社交媒体、新闻、广告等。这既不健康，还会让你错过许多美好的经历和人际关系。

其实，只要你知道如何应对操纵者，没有被他们控制和支配，那么在你的生活中有几个这样的人也没有什么大不了的。当然这并不是说要装作什么都没发生，而是要学习如何发现和摆脱操纵。这些基本技能是你重新掌控生活、享受自由人生的制胜法宝。

本章提供了七种高效的策略，能让操纵你的人明白你不会容忍他们的行为。但在此之前，我们先要确保不会忽视任何操纵的迹象。

辨别长期操纵行为

前一章,我们花了大量篇幅讨论如何防患于未然。但或许你心里早已明白自己已经被人操纵了,而且此人是你无法避开的。操纵可能是隐性的,也可能是显性的,所以既可能双方都难以察觉,也可能完全是有意为之。它是一种利用人的心理来控制他人,使其违背真实感受和意愿的行为。

当我们与某些人长期相处时,操纵行为很可能会与其他有毒行为交织在一起,不易察觉。不管是有心还是无意,操纵者可能会用潜移默化的方式来慢慢突破你的防线,这是最难发觉的,因为你很难想象你身边的人在玩这样的把戏。

我们在上一章中已经谈到了某些操纵的迹象,此外,如果你注意到某个人总是让你先发表看法,那么这也有可能是一个危险信号。你肯定觉得他们只是出于礼貌,但实际上他们只是想确认你的基本想法。在你说完之后,他们甚至可能还会提出一些看似很有深度的问题。他们这么做的目的是让你敞开心扉,以便发现你的弱点,从而精准拿捏你。

你还应该提防那些不管什么活动，都得由他们决定会面地点的人。你想在这里吃饭，他们就非要在那里；你想去东边购物，他们就非要去西边；你说去你家——不行，必须去他家。我们不想让友谊的小船说翻就翻，所以往往忍不住答应他们，却不曾想过他们的目的是把你从舒适区拉出来，拽进他们的控制范围。

还有一些被动攻击的行为我们也不应该容忍。其中之一的典型行为就是装傻充愣，任何事情都有可能，比如不知道怎么用洗衣机，不了解你的报税单，或者搞不明白某项新技术。他们通过装傻，就能把事情推给你，因为你会发现给他们讲解就是白费唇舌，还不如自己干更快。

施加负罪感也是一种被动攻击行为。这种行为有时候表面上像是在撒娇，比如有的女孩抿起嘴唇，莞尔一笑，然后说："如果你爱我，你就应该答应。"另一种更苛刻的做法是指责别人自私、不关心自己，好趁机提出要求。

最后，我们再来看知识霸凌。有些人很爱采取连珠炮式发言，抛出一堆事实和数据，让人觉得他们懂得比谁都多。他们还几乎不给你时间做决定。他们玩弄这两种伎俩是因为他们想让一切都按自己的想法来，不想让你有时间换个角度看问题。这种事不一定只发生在工作场合，朋友或家人在安排活动时也有可能这样做——喋喋不休地跟你说着各种信息，强调他们计划的优越性，然后就催你立刻决定，好赶快预订场地之类。

如果你在和某人相处时觉得自己的行为或说话方式违背了自己的意愿，或者总是被他搞得精疲力竭、一头雾水，那你就需要开始学习下列技巧，慢慢你就能看到显著的变化。

摆脱操纵的七种有效策略

1. 了解并捍卫自己的基本人权

1948年联合国颁布的《世界人权宣言》包括30项基本人权。操纵者常常侵犯的权利包括婚姻中的平等权、个人财产权、思想和宗教自由、主张和言论自由。另外你还享有隐私权。

人权中最重要的一条是人人生而自由、平等。不管每个人的自我定位如何，社会属性如何，都没有谁比谁更配得到什么，也没有谁比谁更优越。话虽如此，但由于人人拥有思想自由，所以操纵者也有权认为自己比别人优越，只不过他们无权要求其他人赞同。第30条规定人权不可剥夺，这一点对我们的认识十分关键。不管别人怎么做，你都拥有人权。

2. 尽量保持距离

不要因为你和某个人每天共处八个小时，或者你们住在一起，又或者他们是你最亲近的家人，你就觉得必须一直陪伴在他们身边。你可以和对方保持一定距离，只在必要的时候和他们相处。远离他们的时候你可以趁机自我休整，这样能帮助你在和他们打交道的时候拥有应对他们的自信、勇气和力量。

3. 停止自责

让我们自责的事情主要分为两类：本来无须自责的事情和应该放下的事情。你不必因为自己的情绪或需求责怪自己。你是你，他是他。不管你是感到疲惫、高兴、难过还是厌倦，都是你自己的事。记住，别人无权对你指手画脚。你想在家休息一晚也好，想出去玩一晚也好，他们都无权指责你。

当我们某件事没有做对或者没有做好时，也很容易责怪自己。人无完人，与其为了做不到的事情而自责，不如把注意力放在擅长的事上，就算你为此感到自豪，也不用觉得不好意思。

不管你是被自己信任的人伤害了，还是和恋人分手了，这些事都已成定局。重要的是既要从过去的经历中吸取教训，又不可过分沉溺于往事。

我知道这一切说起来容易做起来难，更何况你的身边可能还有人不断提醒你这没做好，那没做好。这种情况下，策略 1 和策略 2 能有效避免操纵者将负罪感当作你的软肋来对付你。

4. 把注意力重新转移到操纵者身上

无论操纵者是否意识到他们的行为，将他们的注意力引回到他们自己身上，要么能让他们看到自己的错误行为，要么让他们意识到你识破了他们的伎俩。要做到这一点，你需要问一些比较尖锐的问题：

- 你觉得这样公平吗？
- 你对我提的要求合理吗？
- 我在这件事上有发言权吗？
- 你是问我还是通知我？
- 我能从中得到什么？
- 你真的希望我（复述他们的要求）吗？
- 你考虑过我的时间吗？
- 你考虑过我的想法吗？

可悲的事实是，真正的操纵者根本不会在意这些问题的答案，他们唯一关心的是如何达成自己的目的。至于是否公平、你的意见是什么、你有没有时间、你能得到什么等，从来不在他们的考虑范围内。反之，如果对方真为你着想，肯定会认真思考，诚实地回答问题。

5. 设定边界和后果并坚决执行

大多数人都有边界，即使有时候没有完全意识到那是边界。边界是每个人在生活中遵循的行事原则。这套原则来源于我们的价值观和信仰，以及我们不想再经历的过往。人的边界是非常个人化的，但大多数人都认为，犯罪是一条不能触碰的底线，此外还有歧视、霸凌、欺骗和侵犯个人空间。如果你对自己的边界不是百分百清楚，那现在就把它搞清楚，这样你才能更明确地树立边界。好好想想过去受到伤害的情形。事情到哪个点让你觉得再也无法忍受了？例如在脸颊上轻轻一吻还可接受，但持续的吻可能会让你感到不舒服，那这就是你的边界。

在我们的大部分人际关系中，无论是私人关系还是工作关系，人们都会理解并尊重你的边界。但对于操纵者来说，不存在边界这种东西，如果侵犯他人的边界能满足他们的需求，他们会毫不犹豫地这样做。

如果一个人非要越界,并且让你感到不舒服,他的行为就是有毒的。为了让他知道侵犯边界的严重性,你必须事先想好让他承担的后果。例如,一位同事在身体接触上越界,你要告诉他,如果再发生这种情况,你就向人力资源部报告。如果家人或伴侣发脾气,或者对你进行言语或肉体虐待,就告诉他们,必要时你会离开,甚至分手。如果朋友经常迟到或爽约,告诉他再这样以后就不约了。

设定后果是非常有用的做法,但前提是你必须说到做到。例如,你的伴侣对你大发脾气,而你却没有走开,那他就得知他可以继续自己的所作所为,你的边界就没有任何意义了。只有当你知道自己能做到言出必行时,再告知对方你设定的后果。

为了更好地设定边界和后果,一定要事先练习怎么说,这样你会显得更自信,表达更流畅。

6. 学会说不,并经常练习

出于各种原因,拒绝别人总是很难。最常见的原因是,我们不想让别人失望,或者害怕看到对方的反应。另一个不常提到的原因是,我们不想有损自己在别人心中有求必应的形象。如果不能兼顾工作、家庭和社交,我们会觉得自己在某方面很失败。但是,学会拒绝对我们的身心健康至关重要，同样重要的还有将自己的需求放在首位，以及巩固我们的边界。一定要记住，拒绝别人绝非坏事，但是执行起来需要练习和决心。这里有几条如何拒绝别人的小贴士，最好记在心里：

- 弄清自己到底是想接受还是想拒绝——如果你不确定，花点时间好好想想。
- 和颜悦色地拒绝，不要生硬地说"不行"，要加上适当的语气和肢体语言。
- 感谢对方想着你。
- 提供一种适合双方的解决方案。
- 做好不得不坚决说"不"的准备。

我们来看个例子。暑假，萨曼莎的娘家人希望她带着孩子们回去住两周。她的父母有意无意地给她施加负罪感，他们说自己从来没和外孙们一起住过，谁知道他们还能活多久！萨曼莎有两种回答方式：

1．"谢谢你们的邀请。如果能去肯定开心，但是我保证不了，因为我们已经有别的计划了。不过我们或许可以住一周。"

2．"对不起，不行。这套说辞对我不管用。"

可以看到，第一种说法比较委婉，虽然是在拒绝，但是没有直接说不行。第二种说法就比较坚决，但也算不上无礼和蛮横。有时我们可以刚开始说得委婉一点，如果对方反驳，再用坚决的话拒绝。

这些都是拒绝普通人的好方法，但对于我们生活中的操纵者来说，可能还不够。向一个操纵者解释拒绝他的理由可不是明智的做法，因为他们会利用你的话来对付你，并设法改变你的日程安排，让你找不到借口拒绝。下面是一些简单直接的用语，可以用来拒绝操纵者。

——谢谢你，不用了。

——我的时间表排满了。

——这个对我不管用。

——不，我做不到。

——今天太忙了，我明天有空。

——这让我不太舒服。

——不……这是我的原则。

——不行！

——我说了不行，我是认真的。

对方被你拒绝很可能会生气，甚至会当场发作。这是他们的问题，和你没关系。你坚定而得体地拒绝了他们，无须解释，也不必内疚。如果对方的反应让你难以招架，告诉他们你会暂时离开，等他们平静下来再谈。

7. 正确直面霸凌

没有人愿意忍气吞声，逆来顺受。有时你忍无可忍，最终一反常态地爆发。虽然发泄出来的确很爽，但在与操纵者打交道时，这种做法有可能适得其反，因为这表明你失去了自控力，甚至是理智。因此，面对霸凌者一定要注意安全，保持冷静，机智应对。要做到这些，必须有足够的时间进行对话，双方都需要有正确的心态，最重要的是，要保持冷静。如果你当时觉得无法控制自己的情绪，最好等一等。如果你担心自己的安全，一定要确保周围有人，以防对方实施暴力。牺牲自己的安全去对抗一个霸凌者是得不偿失的，因此要明智地选择反抗的时机。

并不是每个人都想操纵你，但如果你能够识别操纵行为并懂得如何处理，生活会变得更加舒心。在意你的人自然会将你的话放在心上。改变不是一朝一夕的事，因为原来的习惯形成已久，但是努力了就一定能看到成果。别忘记，你付出多一点耐心，也会对事情大有裨益。如果你实在看不到想要的结果，那就及时摆脱操纵你的人吧，这样你还有机会开始互相尊重、互相平等的新关系。

如何应对消极情绪

第九章

就像有人热衷八卦一样，也有人热衷于否定、批判、抱怨。前面我们提到过，大多数人对于"你好吗？"这样的问题都会回答"挺好""还行"，但总有一些人会开始跟你抱怨天抱怨地，总之是他能想到的一切不如意的事，这种人我们应该都见过。跟他们相处真的很累！但这种事情在生活中也无法完全避免，因此有必要学习如何应对这种有毒行为，才能不受其影响。我们先从审视自己的内心、发现自己消极的一面开始。

即使是最积极的人也无法避免消极情绪

如果你完全能够实事求是，就应该承认自己也有消极的一面。不是说你会把消极情绪传递给别人，而是说多多少少你都会有产生消极想法的时候。比如我们有可能遇到健康、财务或人际关系方面的问题。其中任何一种发生在我们身上时,都会让我们想质问老天:"为什么偏偏是我?"或者"我做错了什么,要受到这样的惩罚?"

你可能会开始考虑各种"如果":如果我没有爱上那个人就好了,如果我接受这份工作就好了……在反复回想之后,你或许能从中醒悟过来,承认事实已经发生,再也无可挽回。

从更大的方面看,生活就是一系列的选择——有些容易,有些很难,但一切都是你必须做的选择。你可以选择晚餐吃什么,什么时候睡觉,去哪里度假,以及最重要的,选择和你共度一生的人。算一算从早上醒来到现在,你做了多少选择?它们可能都不太难。

当我们懂得倾听自己身体的声音时,选择其实很容易。如果你特别想喝咖啡,说明你需要咖啡因提神,因为你的身体很疲惫,于是你选择煮咖啡。理智也会帮助我们做出选择。比如你的车该加油了,于是去上班的时候你选择提前几分钟出发。

在人际交往中,情绪会妨碍我们做出果断的选择,但是不管怎样，最终还是得选择。为了克服自己的消极情绪，你应该对自己的行为负起责任，并接受这样的事实：除非你做出选择，否则一切都不会改变。你选择了读这本书，就是朝着正确的方向迈出了一大步。你要做的下一个选择是如何利用这些知识。

> 快乐是一种选择，而不是结果。没有什么能让你快乐，除非你选择快乐。
>
> ——拉尔夫·马斯顿

什么会引发消极情绪？

我们的每一种情感都有"触发点"。小狗或新割的草的气味能引发快乐，而社会新闻常常会引发愤怒或悲伤。消极情绪可能是由某些强烈的情感引起的。为了克服消极情绪，你需要分析你的情绪触发点是什么。下面是一些常见的例子：

- 受到不公正的对待
- 信仰或价值观被质疑
- 被忽视、被排斥、被拒绝
- 被其他人搞得心力交瘁

- 缺乏自主权或自控力
- 被人背叛或欺骗
- 被批评
- 被冒犯

当然,很多事情都会引发消极情绪,小到堵车,大到受虐待。有时,我们甚至会被很久以前的往事触动而崩溃,比如想起小时被父母冷落的经历而产生被遗弃的恐惧。

了解自己的触发点,会产生神奇的效果,让你在情绪爆发之际能够做出选择!首先,你的触发点能够及时给你敲响警钟。届时,你可能感到内心开始产生消极情绪,还可能出现心率加快、恶心、头晕或颤抖等身体症状。从触发点被触发到你做出反应,中间存在一个空档期,可能只是一瞬间,但它仍然存在。就那么一瞬间,你就可以选择自己的反应方式。

比如,你度过了工作压力很大的一天,精力已经透支,你害怕第二天的到来。你过去习惯的反应方式是喝杯啤酒或葡萄酒,但是现在,在被消极情绪压倒之前,你可以选择瑜伽或冥想。如果过去你对惹恼你的人都是大发雷霆，只会让你越来越气恼，但是现在，在爆发之前，你可以选择深呼吸让自己平静下来，重新把注意力放在具体事情上。

当然，要掌握这一技能需要时间，你要对自己有耐心。花点时间观察一下自己，在不同的情况下你的身体和情绪会有什么样的反应，并做好记录，这样才能真正了解自己的触发点，从而更好地管理自己的反应。

如何振作起来走向成功

自身产生的消极情绪可以控制，来自他人的消极情绪可以避开一部分，而当你自己乐观向上时，无法避开的那部分也会更容易处理。我们可以从两个最基本的方面来自我管理，让自己更有效率——无论是哪方面！让我们先看看如何管理自己的身体：

1. 每天安排一些固定的项目

固定的安排可以让一天更稳定、更有条理。每天早上用你喜欢的方式开启一天的生活，比如简短的有氧练习、遛狗，哪怕是伸个懒腰也不错。这些都可以让你以积极的心态开始新的一天。制定每日计划可以帮助你更好地进行自我管理。

2. 关注饮食健康

健康的早餐能够很好地为身体提供营养和能量。如果你整天总想吃甜食，试着选择一些能让你心情愉快的食物，比如浆果、坚果，或者黑巧克力。

3. 高难度任务要选择合适的时间

有些人早上状态最好，午饭后会有点迟钝；有些人正好相反，需要一点时间慢慢进入状态。如果你有一堆压力很大的事务，先把它们解决掉。然后，给这一天做好规划，确保最繁重的工作放在状态最好的时候去做。

4. 停止一心多用

这个社会给我们的印象是一心多用的人往往能取得更高的成就。但事实上，如果我们不在一段时间内集中精力完成一项任务的话，可能需要花费更长的时间，还更容易犯错。这一点不仅仅适用于工作。如果你和孩子在一起，就专心陪伴他们；如果你出去吃饭，就好好享受当下，不要让手机分心。

5. 活动、大笑和娱乐

长期坐在办公桌前的人都应该每隔 30 分钟左右起

来活动几分钟。午休时间散散步也是个好主意，可以增加大脑供氧。别忘记找点乐子，让自己有机会能开怀大笑，即使每天只有那么几分钟。你还可以在手机上找点益智小游戏玩玩，看看你喜欢的视频，或者跟一个能把你逗乐的朋友打电话聊聊天。

6. 保证充足的睡眠

无论你需要的睡眠时间是6小时还是9小时，都要确保按时睡觉，这样你的身体才能得到休息，精力才能恢复。晚上要避免摄入咖啡因和酒精。虽然睡前看手机极具诱惑力，但建议你还是尽量忍住，可以尝试把手机放在另一个房间。你可能会在社交媒体上看到关于自己的信息，难免会有一些负面内容，在睡觉之前看这些可没什么好处。

如果你能管理好自己的身体，那么也更容易管理好自己的情绪。设定和巩固边界也有助于情绪管理。不要排斥或者忽略自己的情绪，而要去感受，去辨别，去处理。写日记是一种很好的方式，可以让你把所有的感受都表达出来，而不必担心别人的评判。写作还能让你客观看待各种情况，学会从另一个角度看问题。

展望个人潜能，为自己创造更好的生活

另一个避免消极情绪的好办法是增加生活中的积极因素。随着年龄的增长，我们肩负的责任越来越多，这倒也谈不上好坏，但是我们多多少少都会失去身份感和真正的自我。而且，我们很有可能因为太在意社会对我们的期待，而丧失个人潜能，这是最糟糕的。

个人潜能就是认清自我，客观看待自己的优点、缺点和潜力的能力。当我们不再拼命想成为我们认为自己应该成为的人时，我们就有机会挖掘个人潜能，并利用这些潜能朝着我们的目标和想要的生活努力。第一步先从反思你目前的状况开始，问问自己为什么要做现在所做的事情，以及你从中得到了什么。评估你的现状和人际关系，以便利用所有这些信息为将来做规划。

在与有毒之人相处这么多年之后，要让你相信自己很棒，这并不容易。但是，不管怎么说，你的确很了不起。你是一个善良、体贴、聪明、美丽的人。你也有你的缺点，因为每个人都有。你可能嫌自己太胖，脸上皱纹有点多，也可能爱在网上看一些奇奇怪怪的

剧，而不去做所谓的"正经事"，但这些都不能抹去你是一个好人的事实。随着你在建立边界和摆脱有毒之人方面做得越来越好，你会对自己更有信心。你不会再花心思去吹捧那些不配的人，而是将精力放在更值得你关注的人身上。这会让你看到自己是多么了不起，同时你也会发现自己拥有实现人生愿景所需的个人潜能。

你的人生愿景是你对未来生活的构想，类似于目标，但比目标更宏大，既包括生活和职业方面的目标和梦想，也包括人际关系的纵向发展图景。人生愿景就好像是指引你朝着正确方向前进的指南针，没有这个愿景，就相当于你把指南针交给了别人，让他们来控制你的人生。

你可能会认为这很简单，因为好像大家经常会问"你想要什么样的生活？"这类问题。但其实这是一个非常严肃的问题，很少有人能够马上回答出来。这个问题的答案在很大程度上要基于我们前面已经完成的步骤，所以你已经取得先人一步的优势了。你的愿景应该建立在你的价值观和信仰的基础上，这两者我们在建立边界时已经理清了。此外，你还需要做大量的规划，这方面我们可以从反思、评估和计划开始。下面，我们通过一些具体的问题先审视现在，再展望未来，便于你着手搭建连同两者的桥梁。

通过下列问题审视自己目前的生活：

- 当前你最在乎的是什么？别管那些条条框框！
- 在事业上你想获得什么成就？
- 你觉得生命中还缺什么？得到它会给你带来快乐吗？
- 你想拥有什么样的人际关系？
- 你擅长什么？
- 你想实现什么人生目标？
- 你想提高什么技能？
- 你有想发展的强烈爱好吗？

现在来想象一下将来的某个时刻，5年、10年，或者20年之后都可以。

通过下列问题展望未来：

- 你实现了什么目标？
- 你正在干什么？每天的生活是什么样的？
- 你住在哪儿？你的家是什么样的？

- 你身边的人都是谁？
- 你看上去是什么样子？
- 你的情绪如何？

如果你的人生愿景让你对未来充满希望和憧憬，说明你已经迈上了通往成功之路。如果没有，说明你的一些想法需要调整。

下一步是规划如何将理想变为现实。你可能需要学习新的技能或选择做一些你以前从未想过的事。比如，如果你想象中未来的自己是住在郊外的一栋别墅里，那么你可能需要设法改善财务状况才能实现这个目标。

记住，人生总是有多种可能和选择的。最后，将你愿景的各个方面分解成一些小目标，并制定出实现这些目标的具体步骤——当你达到每一个里程碑时，都要记得检查一下"指南针"，确保自己没有偏离正确的人生轨道。

积极的自我暗示语有助于激发个人潜能

要真正激发你的个人潜能，最后一个建议是制定一些自我暗示语。你可能听说过口号和宣言之类的东西,这些语句可以帮助你专注于一个目标,或者给你积极的心理暗示,使你相信自己能够成功。

例如:我相信自己的愿景,我爱我自己,我为自己感到骄傲。自我暗示语与其类似,但顾名思义,它让我们更专注于自我内在的力量。

一条自我暗示语可以是任何简短的词句,通常只有几个字,任何需要的时候都可以反复默念,例如在重要会议或关键对话之前,或者在你感到压力很大或不知所措的时候。你的自我暗示语是一个很好的工具,可以在你的消极情绪被触发,但还未做出反应之前使用,它能使你冷静下来,重新集中注意力,帮助你恢复自我掌控。

要制定自我暗示语,你可以回头看看自己的目标和愿景,也就是你希望自己的最佳状态是什么样。然后选择三个与此相关的词。可选择的太多了,但我列出了一些我个人比较喜欢的:

- 美丽
- 坚强
- 强大

- 独立
- 能干
- 聪明
- 干练
- 感恩
- 有才
- 快乐
- 活力
- 创新
- 有趣
- 忠诚
- 勇敢
- 卓越
- 积极
- 自信

自我暗示语除了在需要的时候使用之外,你还可以把它融入你的日常生活。在洗澡、做午饭时或者开车上班路上,都可以默念几次。

接受、拥抱和释放消极情绪

消极情绪就摆在那里，它自己不会转移！你可以选择沉溺其中，也可以选择打败它。不过，选择快乐和积极的态度并不是一句话的事，不了解这一点最后很可能会失望。

即使对上面提到的技巧进行多次练习之后，你仍然需要面对别人的消极情绪。只要我们照顾好自己，多关爱自己，事情就会变得容易不少。不过，学会了"接受、拥抱和释放"的方法，遇到躲不开的消极情绪时，能帮助你免受其害。

接受就是指要接受事情的本来面目。要做到这一点，你必须确认自己是否能控制局面，以及这是否是你的责任。比如，接受你的同事习惯悲观地看待一切这个事实。你没有责任去开导他，所以你可以选择是否听他诉苦。

拥抱消极情绪指的是选择一些活动积极地排解消极情绪，而不是对其进行掩饰。有些人选择把事情写在日记里，或者向朋友倾诉。冥想和正念是拥抱消极情绪的绝佳方式，可以使你避免被消极情绪吞噬，还能教会你如何"吸入"正能量,"呼出"负能量。

如果你觉得自己到了被负能量裹挟、无法脱身的程度,就应当寻求必要的帮助。你可以同信任的朋友谈一谈,或许能帮助你释放一部分被压抑的消极情绪;还可以去看专业的心理医生,千万不要觉得丢人,因为这可能会是你挣脱束缚,朝着更强大的自己和光明的未来迈出的至关重要的第一步。

如何在与有毒之人谈话时不丧失掌控权

第十章

我们现在已经很清楚,生活中总是存在这样那样的有毒之人。就算你尽量远离他们,去开始新的关系,也无法彻底避免和他们打交道。比如你刚刚入职了一份新工作,各方面都很让你满意——除了一位同事;又或者你所爱的人刚刚经历了创伤,开始表现出有毒行为。学会如何与这些人谈话,不仅是你应对他们的绝佳武器,也是获得自我掌控力的绝佳工具。

我和许多人一样,也经历了各种极不健康的关系。这种关系往往会有两种结果:要么拖泥带水地折腾很久才结束;要么虽然及时结束了,但闹到不可收拾的地步。在这两种情况下,都存在严重的沟通障碍,所有该进行的对话都没有进行。

我们不愿意进行这些对话,是因为害怕对方的反应。也许在内心深处，我们知道这段关系已经结束，但把它摆在桌面上谈就更证明了这个事实。单单这一点就足以阻碍我们好好交流了。

你或许想不到，一方面，与有毒的人谈话，反而能够解决很多问题，为发展健康关系扫清障碍。另一方面，就算问题没有得到解决，你也可以更体面地结束这段关系，而不是无谓地拖延下去。无论哪种情况，懂得如何与这类人交谈都会减轻你的负担，让你从他们的有毒行为中解脱出来，重新获得力量。

与有毒之人谈话的七个建议

1. 保持冷淡，不要表现出任何情绪

在讨论操纵者和反社会者的时候我们都提到过这一点，其实它适用于一切有毒之人。这听起来太残酷了，尤其是如果你习惯热情待人的话。记住，你不必对所有人都冷冰冰，只要对那些有毒的人冷淡一点就够了。

不过你可能遇到的问题是，不管他们是不是存在心理问题，只要你在谈话中表现出任何情绪的蛛丝马迹，他们都会揪住不放，并利用这点来掌控对话的主动权。比如你稍稍提高嗓门，他们就会说你总是生气；你为自

己辩解，那你就是总爱狡辩；要是你哭了，那你就是太情绪化。

你可以诚实地说出谈话的目的，实事求是很好，但一定要尽量保持冷淡。

2. 不要谈判

"我们不与恐怖分子谈判。"这句话已经被广泛应用于各种场景，既有政府政策，也有电影台词，并且因其义正词严，已然成了一句流行的口号！你也应该时常用这句话提醒自己。你可以把有毒的人想象成一名恐怖分子，而他对你提出了不切实际且危险的要求，期望你屈服。

面对现实吧，很长一段时间，甚至长达数年，你一直在和有毒之人谈判，但你的处境却没有得到任何改善。在和有毒之人谈话时，是不存在灰色地带的，不要幻想"也许会如何"，也不要妄想找到中间立场，有的只是非黑即白，非此即彼，具体取决于你的需求，以及你的直觉告诉你的是什么。这一点依然听起来很冷酷无情，但这其实并不算过分，你只是在保持立场坚定。

3. 坚守你的立场，但是不要争辩

当我们的人品或行为受到批评时，第一反应往往是

争辩。我们本能地为自己的行为辩护，或将问题归咎于他人。最危险的反应是听不进去对方说的话，这会导致沟通中断。

问题是，有毒之人会不遗余力地刺激你为自己争辩。他们会不停地翻旧账，还会专门戳你的痛处。他们这么做，就是为了让你失去冷静，产生情绪。

你要始终坚持自己的立场，不要任由别人把不相干的事牵扯进来对付你。同时，一定要保持冷静，坚持就事论事，并且坚定地告诉对方希望他尊重你。

4. 承认他们根本就不会给你机会

和有毒之人交谈时，他们不会给你好好讲道理的机会，也不会给你说话不被打断的机会，更不会给你证明自己正确的机会。你可以继续争论，也可以选择接受这个事实——他们就喜欢耍这么幼稚的把戏。

但是你有能力克服这一点！如果你想在他们的独角戏中打败他们，只会让自己沦为和他们同一水平。要保持高姿态，坚定地表达你的想法和观念，这样他们就没有办法消耗你的力量。

5. 简短而温和

说话最好简短而温和，不过由于我们仍主张要坚定，不带任何感情，所以如果掌握不好这个度也不必勉强，但是简洁明了是必须的。

你说话的时间越长，你就越有可能词不达意，滋生情绪。通常情况下，如果你说话简洁明了，会大大降低情绪失控的概率。

一定要明确自己想要表达的观点。你的谈话应该包括具体问题和解决方案。不要担心给人留下说话直率的印象，说话直率不等于粗鲁和无礼，反而可以让事情更快地结束。

6. 保护好自己的软肋

我们都有弱点，这并不是指你的暴脾气或者对孩子保护过度之类的缺点，而是指你脆弱敏感的要害，能轻易让你受伤。比如，我的前任总是说"你精神有问题"，虽然听起来没什么大不了，但她知道我很在意这个，所以总是利用这点让我在争论中失去冷静。

在和有毒之人交谈的过程中，要避免流露出情绪，这样他们就发现不了你的软肋，也就无法利用它来对付你。对于那些喜欢戳你软肋的人，要提前做好准备。你可以学习一些呼吸技巧，或者学会转移注意力去想高兴的事，不要让他们惹恼你。这也能帮助你时刻牢记自己的目标和你进行这场对话的最初用意。

7. 谈话是为了你自己，而不是为了赢

不得不承认，我们总有些时刻迫切地想要在争吵中赢过对方，哪怕你根本不知道赢了之后会如何。事实是，一场争吵没有真正的赢家。一旦任何一方认为必须要分出输赢，你就已经输了。有句话说得好，"你或许赢了这场战斗，却没有赢得这场战争"。你进行对话的目的是改善关系，而不是为了赢。

和难相处的人谈话是不可避免的，这对于获得个人成长，过上更好的生活，建立更平等的关系，以及其他很多比输赢更重要的事来说，都很有帮助。记住，你这样做是为了自己，这才是你最应该关心的。

与有毒之人谈话时的具体用语

到目前为止，我们探讨的多是心理准备方面的内容。现在我们来看看与有毒之人交谈时的具体用语。我的建议是，如果你觉得某句话你自己都不愿意听，那就不要对别人说。最后，虽然下面提供的例子都很好，但在具体谈话中使用哪些还是由你根据当时的情景决定。

律师兼作家丽贝卡·宗（Rebeca Zung）制作了一

段精彩的视频,讲述了对有毒人群使用的各种类型的语句。她的视频名为"消除自恋者敌意的用语",对于我们针对各种情况采用适当的措辞非常有帮助。下面来看一些例子。

我们知道,有毒之人会故意说一些话来挑事。这些话毫无依据,因为我们提前做了功课,所以能听出这些话既空洞又毫无意义。有时候,与有毒之人打交道的最好方法就是表示赞同,这样大家都相安无事。因为他们就爱看人的反应,所以用下面的话就可以让他们有劲儿无处使了:

- 我同意你说的。
- 行,如果你觉得是那就是。
- 你说得对。

这种回应方式只能用于对你来说无关紧要的事情。如果有人攻击你的信仰、宗教或价值观,你就不应该附和了。虽然你很想继续讨论,好让他们明白你的观点,但这是不可能的,因此最好尽快结束对话:

- 我不赞同,不过我们有权发表各自的观点。
- 我们应当求同存异。

- 你的观点你当然觉得对了。

有些情况需要使用"我"开头的句子,因为你想让对方关注你自己的感受,而不是你对他的感受。这样,你的语气就不是在责怪他们,而是承担自己当下分内的责任:

- 我们需要改善我们之间的沟通方式。
- 我们两个都有错。
- 我们可以一起努力。

有时你还可以适当说些"奉承话",满足一下他们的自尊心,因为说到底,这就是他们在交往中的需求。有些事你可以征求一下他们的意见,这表明你重视他们说的话。有时,这还能暴露出他们的想法或行为有多可笑。不过,如果你不同意他们的意见,就不要使用下列语句:

- 你对此是什么意见?
- 你觉得这个计划好吗?
- 我们试试这样做怎么样?

有毒之人一般自尊水平都比较低,有时最好的解决办法就是尽量帮助他们提升自尊。不要让他们感到被忽视，要让他们知道你在认真听他们说话，而且他们说的话对你很重要。

- 我听明白你说的话了。
- 我理解你为什么会这么说了。
- 我尊重你的想法（复述一下对方的意思）。

根据具体场景或打交道的人，灵活运用这些用语，但不要忘记多多练习，好让说的时候声音自然一点，不要太生硬。

培养强大的内心，淡定应对言语攻击

让我惊讶的是，在大多数语言中，负面的词都比正面的词多。大多数文化中都有七种基本情绪：喜悦、恐惧、愤怒、悲伤、厌恶、羞耻和内疚。有几个是正面的？难怪整个社会更容易消极。

言语攻击是非常严重的事情，攻击者对受害者的言语伤害可能产生长期的影响。我们无法控制别人说什么，只能学会保护自己不受伤害。"你不能……"和"你不要……"是两个最常见的例子，表面上看并不算太严重。但如果有人成年累月地说你不能怎样怎样，你可能就信了。下面列出了一些言语攻击常用的词句，你要做好准备，保护好自己：

- 笨蛋 / 傻瓜
- 不负责任 / 没脑子 / 粗心
- 你真失败 / 你真差劲
- 真给我丢人 / 脸都被你丢尽了
- 你太让我失望了
- 奇怪 / 怪异
- 神经病 / 你疯了 / 脑子有毛病
- 无聊 / 暴躁 / 反社会
- 懒 / 没用 / 低级
- 丑 / 肥 / 邋遢
- 傲慢 / 专横
- 恨 / 讨厌

现在你要确定如何回应这些话。如果有人说你懒，而你知道这不是事实，那就附和他好了，但是别往心里去。如果有些话伤害了你的感情，那就坚决维护自己的尊严，比如对方说你很丑，虽然你知道这不是事实，但你也无须容忍，这对你不公平。

掌握谈话技巧

任何人都会说话,但并不是每个人都会花时间学习谈话技巧。这是一项非常重要的技能,不仅是为了应对有毒之人,更是为了你自己的人生。一旦你能够摆脱有毒之人,将开始建立全新的人际关系。下面列出了专家建议的谈话技巧,掌握这些技巧,你就能与各种人高效沟通。

1. 学会认真倾听

我们都得承认自己干过类似这样的事:别人在跟你说话,你却在考虑晚餐吃什么。倾听很重要,唯有认真倾听才能做出恰当的回应。不认真倾听就容易产生误解,令人不快。

2. 不要评判他人

每个人都有自己的故事、自己的难处和自己的缘由。不要随便对他人做出评判,因为我们很少能了解事情的全貌。而且,既然我们不喜欢别人评判我们,那就"己所不欲,勿施于人"。

3. 要善于观察

如果你善于观察,就能找到无数种开场白。比如,你可以留意人们的穿着、周围的标识，甚至视野中出现的颜色，这些都可以作为聊天的话题。有一次，我看到两个女人的旅行杯上面都印着"Seriously"。这对我来说毫无意义，但她们发现了这个巧合之后，立刻开始聊《实习医生格蕾》，聊得十分起劲。①

4. 允许适当的沉默

不要因为害怕冷场就不停地没话找话。在谈话过程中有一些间歇性的沉默完全正常，这样人们才有机会整理自己的思绪。

5. 找有趣的话题

另外，也要小心令人尴尬的冷场！这种冷场往往是因为人们找不到话题了。为了防止这种情况发生，可以多关注新闻时事，但要尽量留到话题快聊完的时候再用，还要注意对方的身份，尤其是涉及宗教和政治等话题时。

6. 征求意见

征求别人的意见可以增强他们的自信。谁都喜欢自己的意见受到重视的感觉。询问的话题可以是餐馆、图

---

① Seriously（认真地）是著名美剧《实习医生格蕾》中出现很多次的台词。——译者注

书、电视节目等。不过要给你一句忠告，你不同意对方的意见没关系，但如果你不是真心想得到回答，就不要问别人的意见。

7. 合理运用幽默

幽默和聊天话题一样，你必须了解你的聊天对象。不是每个人都有相同的幽默感，不同的文化之间更要注意。不过，幽默毕竟是打破冷场的绝佳方式，好好运用的话还是很让人舒服的。选一些纯洁的、没有政治问题的笑话或故事来取悦你的听众。

8. 详细作答

回答别人时过于简短可能给人不礼貌的印象。如果有人问你一个问题或者向你征求意见，尽量详细作答，这样谈话就可以更深入。

9. 避免不停地提问

向别人问问题可以表明你对他真的感兴趣，但是一个接一个的问题轰炸可能会让他们觉得自己在面试，而且一个不小心就容易越界。一般来说，哪些问题你自己愿意回答，就可以去问别人。

10. 看准时机结束谈话

我家街尾有一位小老太太，我每次见到她总和她聊几句，但她每次都聊个不停，直到我已经坐在了车里，她还在说。如果你不能判断什么时候应该结束对话，那人们很可能也不愿意和你开始对话。

在不同的人际关系中，我们与有毒之人打交道的方式也会有所不同，因此，我们需要进一步探讨与父母、伴侣、朋友打交道的具体方法。在下一章中，我们将进一步探讨如何应对身边有毒的亲友，找到实用的解决方法。

和有毒之人打交道

第十一章

第十一章 和有毒之人打交道

本章所有的方法和技巧都来自第十章，我们会学习如何将这些技巧应用于朋友、伴侣和家人。简单回顾一下与有毒之人打交道的要点，别忘了你首先需要根据具体情况选择合适的用语。我们将针对各种情况进一步探讨。

无论你要对付的人是难搞的客户、专横的父母，还是控制欲强的伴侣，都必须想想他们会说什么伤害你的话，并事先做好准备。与有毒之人打交道的最大秘诀之一就是不要暴露你的情绪，因为他们知道说什么话能引起你的反应。

最后，熟练掌握谈话技巧可以增进人际关系，尤其是新的关系。谈话技巧对个人生活和职业生涯都很重要，还能增强自信。然而，这些技巧对于某些人格类型却未必适用,下面我们就从这部分内容开始。

和极具挑战性的人格打交道的有效用语

极具挑战性的人格包括我们提到过的自恋者和操纵者等,这类人需要特殊对待。如果你面对的是最具挑战性的人格类型,但他们正在努力改善自己的行为,这些用语应该能帮到你。

他们也可能是我们生活中的"戏精"、爱打压别人的人、悲观的人和控制欲强的人等。这些极难对付的人格可能出现在生活中的各种场合。我们先列出一些有用的语句,可以在许多情况下使用:

- 我知道你不是故意的,不过……
- 很抱歉,可能是我没有讲清楚。
- 抱歉,你误会我的意思了。
- 我明白你的意思。
- 我理解你的看法。
- 我认为我们应该再好好谈谈这件事。
- 或许我们可以找个时间协商一下,各让一步。
- 你觉得这个主意怎么样?
- 你觉得我们用 X 方案代替 Y 方案怎么样?

- 我们来看看事实,暂时先不考虑观点。
- 我承认我们的看法不同,但是我们需要找到解决的办法。
- 我想和你一起找到一个解决方案,但我们都不要打断对方。
- 很高兴跟你谈谈。你还有什么想说的吗?

前文和下文列出的语句,哪些你能够运用自如再去用,因为你的语气必须自然而坚定。因此,如果像"或许我们可以找个时间协商一下,各让一步"这样的说法对你们任何一方来说过于正式,可以稍微调整一下,比如可以改为:"要不我们谈谈吧,看看怎么互相迁就一下。"

有效解决冲突的六个步骤及禁忌

冲突指因意见不同而起的争执。生活中我们无法完全避免冲突,遇到冲突更不能逃避。有冲突最好立刻处理,这样才不容易导致矛盾升级。和沟通技巧一样,解决冲突也是一项宝贵的生活技能。要解决冲突,可以遵循以下六个简单步骤：

1. 停下来想一想

这就又回到情绪的问题上了。比如有人说了让你难受的话，或做了让你生气的事，我们的关注点本能地会放在那个人，而不是具体的事上面。当你关注那个人时，情绪会习惯性地战胜理智，这时你的理性是关闭的，无法做到客观。因此说话之前一定要先暂停一下，让自己恢复冷静。

2. 从不同角度看问题

随着年龄的增长，我们越来越善于从不同的角度看待问题。遇事如果能换位思考，就能更好地了解事件的全貌，了解对方的感受。

这里给你一个很好的专业建议，那就是试着和自己唱出对台戏——反驳一下自己的观点，看能不能从其他角度去分析当前的事件。最终你很可能会发现，根本毫无必要发生冲突。就算冲突依然存在，你也能更好地处理它。

3. 共同确定问题所在

接下来，各方应当共同进行问题的界定。如果大家连问题是什么都无法达成共识，就更别说发表观点和讨论解决方案了。每个人都应该有机会对问题的界定发表同意或反对的意见，但是态度不能太偏激。

4. 分享观点

这一步的关键是让每个人都发表意见，还要让他们知道其他人都在认真听。打断别人讲话，不停地看手机，或者心不在焉，这些行为肯定会惹恼讲话的人。只有每个人都认真倾听别人的想法，才能找到解决方案。

5. 尊重他人的方案

和发表观点一样，人们也需要有机会表达他们对于如何解决冲突的想法。回顾一下我们的基本人权，每个人都有发表意见的权利，因此都应该得到尊重。在大家提出各自的解决方案之后，就可以考虑如何协调了。

6. 确定最终解决方案

只要每个人都灵活变通一点，就可以找到让各方都满意的解决方案。方案确定之后最好再重复一遍，确保所有人完全理解该方案，且无任何异议。最后，以积极的语气结束对话，比如："我真的很高兴我们解决了这个问题，以后有必要的话我们就照此办理。"（埃弗森，2014）

除了上面这些应该做的事情，我们还要了解在解决冲突的过程中不能做的事情：

● 尽量避免使用"总是"和"从不"之类的比较极端的频率词。这些词往往让人觉得是在夸大事情的严重性。

● 任何事情不要过分思前想后。有些事你越想越觉得严重，而且很容易把无关的事情和当前的冲突联系起来。

● 选择谈话时间时不要忘记考虑其他各方。我们经常说要选择你头脑冷静的时候，但你也应当提前问问对方是否愿意有空的时候和你谈谈，以确保对方也处于理性的状态，这样才公平。

● 要避免任何主观臆断。如果你只是主观认为自己或者别人已经了解了一切，那么很有可能每个人都认为问题已经解决了，而事实上并没有。

如何面对有毒的父母

现在来想一下在你眼里父母是什么样的。我知道随着我们的成长，这会发生变化，尤其是当你有了自己的孩子之后。不过，一般来说，我们往往会忘记父母实际上只是普通人，和我们一样的普通人。我们对他们寄予很高的期望，不管怎么说，他们应该懂得更多——他们不是总对我们这样说吗？

当去掉父母的身份时，他们和我们一样有普通人的情绪，在生活中会遇到难题，在人际关系中会有矛盾。不同的是，他们担心自己的错误受到孩子的评判。与有毒父母打交道的第一步是时刻牢记他们是普通人，所以要降低你的期望。如果你知道一个反社会人格的朋友不会改变，那为什么要期望反社会人格的父母会改变呢？

说到父母，他们最常用的操纵手段之一就是施加负罪感。他们让你干什么事情，如果你拒绝了，他们先是会表现出不高兴。如果你继续坚持立场，可能就把他们惹恼了。他们会说出"行啊！白把你养这么大！"或者"你表姐就不会让你姨去住养老院"等诸如此类的话。其中最明显的道德绑架就是"你欠我的"和"你要是爱①我……"，但我们竟然无法反驳。你应该立刻阻止他们对你的这种情感操纵。他们爱你，你也爱他们，这一点你无须证明。你应该做的是告诉他们你知道他们想干什么，但这一套现在不管用了。

如果你仍在寻求父母的认可，是时候克服这一点

---

① 中国父母常用的是"孝顺"。——译者注

了。有些父母总是反对他们的成年子女所做的决定，你甚至会觉得他们是想在你身上重过一遍人生。他们可能从来不会夸赞你，有的父母是将这当成一种惩罚，也有的父母自己都情感缺失，自然就没有能力为子女提供情感支持。当你不再渴望得到父母的认可时，你和他们的交往就变简单了，你也就更容易坚持自己的观点。

另外，面对有毒的父母，态度一定要坚决。这不是无礼，也不是对父母的不敬，你的语气仍然可以很有礼貌，甚至很贴心。同时，你可以用"我"开头的语句诚实地表达你的感受。任何事不要想当然，他们可能会听，也可能不会，关键是再也不要让他们控制你的生活——让内心强大起来，并且自己来决定和他们联系的频率。

应对有毒父母的有效话语

- 我尊重你的意见，但是我已经想好了。
- 你不给我留空间的话，我会感到很窒息。
- 你想留在家里帮我，我很感激，但是有些事你就别管了。
- 我知道你很烦，但是你不应该发泄到我头上。

- 这周末我没空安排活动，但是下周末可以。
- 我不会再容忍你侮辱我。
- 如果你还这么过分，我就不过来吃晚饭了。
- 你可以不同意我的意见，但是必须尊重我的意见。

如何面对有毒的伴侣

你的伴侣很难相处，并不等于你们的关系就注定会失败。只要你学会如何巧妙地应对他们，同时守护好自己的快乐，你仍可以大胆地去爱，毕竟爱情中还有很多值得期待的事情。首先你要搞清楚自身现实，认识自己的情绪，明确自己的边界。

做到了这几点，你就不会落入他们的圈套，听凭他们总是扮演受害者的角色了。认清了自己的情绪，就更容易避免陷入同一种行为模式。提高了情商，就能看清正确的方向，也就不会被他们的消极情绪影响。

你还需要花点时间和你的伴侣谈谈他的感受。他的某些有毒行为可能是因为他压抑着自己的情绪才导致的。不过，即使你同情心爆棚，也别忘记，改变他不是你的事。他得自己有改变的意愿才行！

这次谈话也应当是平等的,所以你也应该有机会谈你的感受。如果对方开始提高嗓门,逐渐暴躁,或者你觉得有任何危险,就应该马上离开——至少等你冷静下来再回来。

你和伴侣之间的冲突必须得到解决,不要看现在你们都很平静,就认为问题已经解决了。掩盖问题只会让它在下次冲突中死灰复燃。

和有毒的伴侣相处,你需要有一副厚厚的铠甲。我们向他们敞开心扉,信任他们,但他们几句话就能摧毁我们的意志,让我们极度痛苦。我们不妨把这些想象成一场内心的网球游戏,每一句侮辱或谎言都是球,而我们的思想是网球拍,会把球全都打到一边。你也可以练习深呼吸,来驱散那些话对你的影响。不要一个人默默承受,记住,这不是你的错。

应对有毒伴侣的有效话语

● 我知道我们这一天都经历了很多,但我们迟点还是抽时间谈谈吧。

● 我非常理解你想陪你的父母,但我也需要花时间陪我的父母。

- 如果你要晚回家，就跟我说一声，这样我就不用担心了。
- 洗衣服或者打扫卫生，你选哪个？
- 我不喜欢你在孩子们面前不尊重我。
- 我已经说过了，你不要嚷嚷。如果你还这样，我就走。
- 我会在你身边，我想帮你，但我们必须齐心协力。
- 我想了解你的观点，但你在发脾气和吵吵的时候，我完全不明白你想表达什么。

如何面对有毒的朋友

首先你要考虑的是这个朋友属于哪一类。如果只是朋友的朋友或者一般的熟人，你直接远离他们就好了。生命太短暂，不能让这类人影响你的生活。我们给你的建议都是有助于加深友谊的，但你要考虑哪些朋友值得你付出精力。

对于朋友这种关系来说最好的一点是，因为你们没有住在一起，所以不存在你和父母或伴侣之间那样紧密的联系。但这并不等于朋友关系不重要，它更接近中庸之道。你们往往已经认识很多年了，甚至比认识你另一半的时间还长，但他们对你的了解又不同于你的父母。你可以借机在朋友身上练习沟通技巧，建立边界。

就像处理所有的冲突一样，你需要先弄清楚自己的感受和不快乐的原因。要明确自己想说的话并多加练习，最好是对着镜子，这样你就能看到自己的肢体语言。检查一下你的肩膀是否挺直，有没有驼背。不要抱胳膊和跷二郎腿，这样才显得坦诚。别忘了微笑！除了给人以自信的印象外，你一定也希望显示自己友好的一面吧。

准备好之后，就可以打电话给你的朋友，安排一个对你们双方都合适的时间和地点。这个地方应该不容易受打扰，可以选一家咖啡馆，而不是你平时常去的地方。想要解决问题的话，就得当面聊，而不是发短信或打电话，这样太容易发生误解。

你可以使用"三明治沟通法"：先说一些善意的肯定的话，然后直入主题。你的朋友需要了解问题的根源以及它给你带来的感受，但他们不需要看到你情绪激动的样子。生气只会让事情变得更糟。鼓励你的朋友也说出他们的观点和感受，并给予足够的重视！最后，通过说一些积极的话、制定新计划,或者聊聊你们共同的美好经历来结束你的"三明治"。

应对有毒朋友的有效话语

- 如果你觉得这件事不值一提,我很难过,但是……
- 我很高兴能和你坦诚交流。
- 每次我想和你谈谈我的处境时,都感觉你对我置若罔闻。
- 我需要一些时间才能做出决定。
- 我和你在一起多数时候很开心,不过……的时候我很不高兴。
- 我知道你很生气,但大喊大叫是没用的。
- 你嘲笑我的缺点会让我伤心的。
- 我明白你的意思,不过,我希望你能理解我的观点。

如何面对其他有毒的家庭成员

对于父母之外的家人来说,情况和朋友类似,你同他们的冲突仍然会给你带来压力，只不过在必要时同他们减少甚至切断联系都比较容易。等你掌握了新技能，可以再试试看能不能让你们的关系回到正轨——这在任何时候都值得一试。首先要确定他们只是好心用错了方式呢，还是真的有毒。如果你觉得他们确实有毒，爱操纵别人，那就使用我们前文提到的方式应对他们。如果他们控制你，打压你，或者只要他们对待你的方式伤害了你，让你不舒服，那就说明你应该加强你的边界了。

你或许已经尝试过与家人建立边界了，但极有可能他们并没有认真对待。不过这也有可能是因为你对自己的边界并不确定，才导致其他人不断越界。如果你确信你很清楚自己的边界，并且已经向家人明确传达，那就说明你设定的后果没有执行到位。

给你一个非常实用的建议：认真倾听家人讲话，每次都要像第一次听一样。这么多年，我们或许已经听他们讲了无数遍同一件事，每天都是同样的唠叨和抱怨，我们开始关闭耳朵。但是我要告诉你，即使他们说了再多遍的话，你也要像第一次那样认真倾听，因为现在你不同以往了,你的心智更加强大,遇事更加冷静,能够控制自己的情绪,你将以全新的视角听他们讲话,而且对于如何应对这种情况也了然于胸。

应对其他有毒家庭成员的有效话语

● 我很佩服你有丰富的经验,但我还是想按照我的方式来做。

● 我之前已经说过了,我不喜欢你不请自来。

● 当我拒绝你的时候,是就事论事,不是针对你。

● 这个周末我需要给自己留些时间,但我可以在工作日期间帮你。

● 我需要你明白,如果你再侮辱我,我就不参加你的活动了。

● 如果你觉得什么事让你心情不好了,我会在这里陪你,但你要是大声嚷嚷我就不听你讲了。

● 我并不是要伤害你,但我也不想整天如履薄冰。

● 你的恶毒话伤害了我,现在我给你一个机会说说你的烦心事。

如何面对有毒的同事

我们常常希望自己能下班之后就忘记工作，好好生活。但实际情况是，在八小时的工作中发生的事情往往会如影随形，甚至会影响到我们生活中的人际关系。我敢肯定，我不是唯一受了同事的气之后回家向爱人发泄的人。

或许你已经勤勤恳恳地工作多年，你得把自己放在第一位。把自己的事业、责任和声誉放在首位，这难道不合理吗？有毒的同事会想方设法通过破坏你的形象，使自己显得更优秀或让你产生自我怀疑，他们的最终目的是实现自己的职业晋升目标。

一旦你在工作中发现了有毒的人，必须立即制止以免事情升级。即使他们的行为表面上不足为患——比如拿走你的订书机——但后面可能跟着更麻烦的事。

与有毒的同事打交道的最专业的方法是严格遵循我们前面提到的六个步骤，也就是：停下来想一想，换个角度看问题，共同确定问题所在，分享观点，尊重他人的方案，确定最终解决方案。注意，在此过程中可能需要做出一些让步。

与有毒的同事打交道时，时机更为关键。虽然你可能有出色的沟通技巧，但你的同事可能没有。因此，为了避免发生争吵，不要当众揭穿他们的行为，比如正在开会的时候。

有一件事对你没有任何好处，那就是在背地里跟其他人说三道四。如果你这样做了，很遗憾，你这种行为也是有毒的。如果你需要就这些问题与管理层沟通，那么仅提供必要有用的信息就好，不要添油加醋、说长道短。花点时间打打腹稿，不要有任何含糊不清的地方。不管你在和谁打交道，大家都很忙，能五分钟解决的问题就不要长篇大论。如果你是通过邮件交流的，在点击"发送"之前，认真核对邮件内容，确保没有遗漏。不一次说完会让收信人很反感。

俗话说，夫妻没有隔夜仇。这个原则也要尽量应用到工作关系中。你可以做那个大度的一方，在下班之前主动去化解冲突，让对方感受到紧张气氛化解带来的舒适感，或者感谢对方的倾听。这样做的目的是让你们两人在下班回家之前消除心中芥蒂。

别忘了把一切都记录下来，尤其是当事情已经对其他员工造成影响时。如果你和对方进行了谈话，最好在这之后发一封邮件，列出你们谈话的要点。这是一个很好的做法，可以再次确认你们是否已经达成共识，但你也要保留备份，以防将来你的诚信遭到质疑。

应对有毒同事的有效话语

- 我想和你谈谈，这件事已经影响了整个团队。
- 你在别人面前指责我让我觉得很不舒服。
- 我觉得那种笑话不适合在办公室说。
- 我知道你可能愿意放宽规则，但这对其他人不公平。
- 请不要发送与工作无关的信息和邮件，我很忙，没有时间看。
- 我喜欢我的同事，我不想听到说他们不好的话。
- 我不会容忍你为了升职玩那些钩心斗角、暗箭伤人的把戏。
- 我知道你很聪明，也很有经验，但我的意见也很有价值，希望你能考虑。

冲突解决方法的具体应用

下面是三个不同的案例，里面的人虽然已经做了种种努力，但我们来看看如何才能更加有效地解决冲突。

克洛坚信她的丈夫有外遇，最近他十分冷漠和疏远，他的借口是工作太累。他们很少在一起。尽管目前的状况是由很多原因造成的，但她认定是丈夫有了外遇。起初，她没有找他好好谈，而是提议一起做各种事情。这让她显得有点索求无度，反而把丈夫推得更远，这样一来她更加喜怒无常。

克洛首先应该罗列出事情的所有可能性，尤其是要做最坏的打算，这样她就能有所准备。这并不是要她沉湎于对分手的担忧中，而是要考虑一些实际问题。然后，她需要找一个对双方都理想的时间好好谈一谈，因此这个时间最好和她丈夫商量后确定。在商量的时候说话和语气一定不能太夸张，因为她肯定不想让丈夫对谈话产生畏惧心理。与此同时，克洛要理清自己的思路。下面是可以采用的一些表述方式：

- 我觉得自己被冷落了，根本感觉不到我们是夫妻。

- 我知道我一向不擅长表达我的关心，但如果你能理解我的立场，我会很感激。
- 我知道你工作很辛苦，但我们的关系应该放在第一位。
- 我希望你能坦诚地告诉我，到底遇到了什么难题，这样我才能理解你啊。

然后就该面对现实了：她的丈夫有可能转过身去，说不再爱她了，并且已经认识了其他人；也有可能他会解释说老板给他的任务定了最后期限，但下个月会给他额外放假。除了沟通方式不恰当之外，克洛还犯了一个常见的错误——胡乱猜疑，这是夫妻关系的大忌。

吉米有位同事，整天喋喋不休，不把任何人放在眼里，对领导却巴结奉承，是个十足的"两面派"，你永远不知道会看到他的哪一面。吉米受够他了，他对同事的行为批评讽刺过几句，但都无济于事。随着领导对这个"马屁精"表现出偏爱，公司内部开始出现剑拔弩张的氛围。这位同事从未想过纠正自己的行为，因为他有一个非常明确的升职计划。

既然讽刺挖苦和直接批评都没有用,吉米只能设法保证任务和责任分配的公平性,这样即使此人的行为会令人不满,也不至于影响到团队的生产力。显然,与领导沟通没什么意义,因为此人已经操纵了领导的看法。于是,吉米提出了引入项目管理软件的计划,并和团队中同样希望解决这一问题的员工进行了谈话。每个员工都通过项目管理软件接收分配的任务和截止日期,这样,谁什么时间在做什么都一目了然。领导除了能一览全局之外,还能查看所有任务分配和交流信息的电子备份。

卡尔和他的表弟关系很亲密。他们一起出去玩,一起工作等,总之他们的关系很好。但是,卡尔的表弟有个坏习惯——喜欢在和卡尔约会的对象面前说他的坏话。每次刚开始他都只是无伤大雅地损卡尔几句,但逐渐就变本加厉,以至影响到了卡尔的恋爱,导致他和女友争吵,最终都以分手告终。卡尔想和表弟好好谈谈,但他反而怪卡尔过于敏感,还说女友是因此才和他分手的。这种"煤气灯操纵"让卡尔怀疑事情是否真如自己所想。

卡尔首先要复盘一下事实的真相，如果真的怀疑自己的敏感程度，就应该回头想想他的前女友们是不是提到过这一点。事实是并没有，于是卡尔知道了表弟说的那些话都是假的，因此他必须设法让自己免受那些诽谤的伤害。

卡尔需要和他的表弟再谈一次，但这次需要尽量站在他的立场考虑。既然表弟说的那些调侃的话并不是真的，那背后一定有什么原因导致他这样做。卡尔可以先使用"我"字句交流，确保表弟完全清楚自己的所作所为，然后再问问他是不是遇到了什么事情，或者是不是有什么困难需要帮忙。一次坦诚的谈话足以令表弟敞开心扉，使他们的关系得到改善。但不管怎样，卡尔还是需要建立边界并设定后果，例如："要是你只是开个善意的玩笑，我不介意，但是如果你的笑话是拿我寻开心，我以后就不把我的女朋友介绍给你认识了。"

在和大多数有毒的人打交道时，这些技巧都可以直指问题的根源，帮助你取得进展。如果需要的话，你还可以在将来对这些问题进行重新审视。这些人究竟有没有在努力改善他们的行为，这由你来判断。如果一段时间之后，你仍看到同样的行为反复出现，或者你感受到的压力并没有得到缓解，那么就应该考虑和他们保持距离或者完全断绝联系。我知道，我们总是对他人抱有希望，认为他们可能会改变，但是别忘了，你感受到的情感压力可不会在一夜之间消失。冲突持续的时间越长，从长远来看它的影响就越难消除。

第十二章 精神虐待可能产生持久的影响

到目前为止，我们的重点一直放在和有毒之人打交道的技巧和策略上。这只是重掌人生、重拾幸福的秘籍的前半部分。

这些人对你的伤害不会因为你懂得了如何应对他们就随之消失。精神虐待不仅会产生短期影响，也会留下长期影响，这都是需要解决的问题。

从本章开始，我们会将重点转移到你身上，帮助你整理自己的情绪，做好准备迎接新的开始。

你甚至有可能都没有意识到有毒行为给你造成的伤害。精神虐待不像身体虐待，没有肉眼可见的伤口和伤疤。因此首先要意识到精神虐待对你的伤害，这样你才能把精力用对地方，事情才会向好的方向转变。

精神虐待的短期影响

　　起初,你可能会被所爱之人的行为吓到,尤其当事情发生得太突然时。你可能会感到震惊和不解。不管你是男是女,都可能发现自己经常哭泣。千万要小心,别让这些影响你的睡眠。因为睡眠不足会很快引发健康问题,也会让你更难顾及自己的精神需求。

　　因为不知道接下来对方还会做出什么样的行为,你很可能会感到焦虑甚至害怕,这完全正常。如果焦虑得不到控制,可能会发展成惊恐发作,这也是身体对恐惧或焦虑的一种反应。惊恐发作的症状包括出汗、寒战或潮热、头晕或颤抖、心悸和换气过度。

　　精神虐待的短期影响可能从一个极端到另一个极端。你既有可能变得富有攻击性(受虐待后的一种防御机制),也有可能产生彻底无助的感觉,好像自己什么事都做不好,你的自信被彻底粉碎,开始躲避眼神交流,整个人也变得比以前更消极。

　　有些人会同时产生既绝望又无力的感觉。这两者虽然相似,但并不完全相同。无力是指你没有能力改变现状,而绝望是指你彻底失去了改变的希望。

受虐待的人往往会感到内疚，好像这是他们自己的错，尽管这毫无来由。他们也有可能感到羞愧和耻辱，质问自己为什么会"允许"这种事情发生，但只要稍稍理智一些，就会明白，你并没有"允许"任何事，要负责任的是另一个人。

最后，在短期内，你可能会与孤独感做斗争。如果施虐者是你的伴侣，你通常会认为自己以后就一个人过了。如果施虐者是你的朋友，可能会让你对其他朋友也产生怀疑。这一点也不奇怪，因为被虐待的人会觉得自己没有吸引力，不会有人爱自己。

此前，你可能习惯于告诉自己要装得若无其事，把那些情绪压下去，让周围的人看不到你的痛苦。然而，虐待造成的伤害终究是无法掩盖的，你也不应该去掩盖。一方面，这对你不公平；另一方面，你的身边仍然有人在关心你，不愿看到你受这样的苦。

精神虐待的压力会令人变得喜怒无常。我亲身经历过，所以我知道，你的情绪随时有可能殃及无辜的人，由此而生的负罪感只会让你的心情更糟。焦虑除了会让你失去重要的睡眠之外，还会让你做噩梦，甚至发生梦魇。

由于睡眠不足和情绪紧张，你很快就会发现自己难以集中注意力。不管你想专心干什么，你经历的那些烦心事都会不断涌现在脑海中。

有些人会头痛，有些人会肌肉酸疼，尤其是肩颈部位。这感觉就像你经历的精神虐待在你的肌肉中一点一点地累积起来。而且，这些疼痛也很有可能影响你的睡眠。

精神虐待的长期影响

如果问题不解决，上面这些短期影响非但不会自己消失，而且有可能变得愈加严重。各种短期影响都有可能快速发展为高度焦虑或抑郁。睡眠障碍会进一步导致情绪不稳定和精神不振。最开始的低自尊可能发展出更严重的问题，比如社交恐惧症和社交退缩症。注意力不集中的现象会更加严重，直至影响你的记忆力和决策力。

要警惕自己对抑郁不肯承认的心理。这是情有可原的，因为太多人无法理解抑郁谱系的概念。你可能感觉心情沉重、悲伤或空虚，但并不认为这就是抑郁。许多人认为抑郁是很严重的忧伤情绪和悲观思想，但事实上它包含各种类型和表现，轻的有持续的情绪低落，严重的会有自杀的念头或自杀的行为。下面我们快速了解一些最常见的抑郁类型：

重度抑郁症

在大部分时间都能感觉到上述症状。

持续性抑郁障碍

抑郁状态持续两年或两年以上，还可分为恶劣心境障碍（低度持续性抑郁）和慢性重度抑郁。

躁郁症

现在更常用的术语是双相情感障碍，是指时而躁狂发作，时而抑郁发作的一种精神障碍。

季节性情感障碍

缩写为 SAD，这种抑郁类型的发作一般在光照较少的月份。

精神病性抑郁症

患者有重度抑郁症的症状，同时伴有幻觉、妄想和偏执等精神病性症状。

产后抑郁症

产后抑郁症通常与生产有关，但也不能说和身边的有毒之人完全无关。还要认识到，产后抑郁症并非女性专属。大约十分之一的男性在孩子出生后的几周到几个月内患有产后抑郁症（WebMD，2020）。

情境性抑郁

也称为压力反应综合征，是指由生活中的某些重大事件导致的巨大压力和抑郁。

非典型抑郁症

顾名思义，这种抑郁症不同于有明显的持续悲伤或情绪低落的典型抑郁症，患者的情绪会因为生活中的积极事物而得到改善，但这种快乐并不持久。

不管你的抑郁程度严重与否，都必须去看医生。现在有很多种治疗方法，不仅仅是服用抗抑郁药。抑郁症是不可能靠你自己轻易摆脱和克服的，千万不要忽视它，否则病情会加重，甚至出现自杀的念头。我发自内心地告诉你，只要你愿意寻求帮助——这没什么丢脸的——抑郁症绝不像你想得那么糟糕。或许你眼前几乎看不到一丝希望，但从现在开始，事情只会越来越好，因为这是你的选择。

心理创伤和压力都会导致失眠。如果连续三个月每周至少有三个晚上出现睡眠困难，就可以诊断为睡眠障碍。睡眠困难包括入睡困难、易醒、睡眠不深等。据估计，三分之一的成年人都有失眠的症状，6%—10% 符合失眠症诊断标准（美国精神病学协会，2013 年）①。失眠与情绪波动和情绪过激有密切关系，还会影响人的注意力。

我们都出现过一些莫名其妙的疼痛，因为是身体方面的症状，我们很少把它同自己遭受的精神虐待联系起来。神经系统不断发出疼痛信号，却找不到任何病因。有时可能是在陈年旧伤的部位，有时则是完全随机的。研究表明，心理创伤和慢性疼痛之间存在一定联系。这背后的理论依据是：由于长期处于危险或不良的环境中，身体已经习惯了高应激状态，对压力的反应变得异常，外在表现为疼痛。

精神虐待的长期影响之间也有很多联系。慢性疼痛可能与抑郁有关，失眠会影响注意力，还会导致全身乏力、精神不振。失眠和慢性疼痛都与创伤后应激障碍（PTSD）有关。遭受虐待并患有创伤后应激障碍的儿童可能出现痛觉减退，处理日常事务的能力也会变差。60%—90% 的 PTSD 患者同时也有失眠的

---

① 中国睡眠研究会发布的《2021 运动与睡眠白皮书》显示，目前中国有超过 3 亿人存在睡眠障碍问题。——译者注

症状（Ohayan，2000）。PTSD 患者还有很高的自杀倾向，一项研究显示，约 27% 的患者曾尝试过自杀（Ramsawh et al.，2014）。

精神虐待的最终长期影响是社交退缩症。人类是社会性生物，也可以说是群居动物。我们需要社交互动来调节情绪，增进大脑健康，提升安全感。当我们的情感受到严重打击时，我们的自信和自尊也难以幸免。你不再热衷于以前的爱好和活动，把自己封闭起来，不愿见人。你整日精神不振，不愿意和朋友出去，甚至在任何社交场合都觉得不自在。你觉得远离人群更安全，这样就不会再次受伤，然而，结果往往事与愿违。我们的确应该与那些有毒的人保持距离，但是要尽力去结交更多的良师益友，这样我们就可以从人际交往中获益，增强自身的力量。

短期影响和长期影响之间并非泾渭分明，而是互相融合，互相依存，许多症状之间也互有关联。你可能只有一两种症状，也可能同时出现多种症状。有很多方法可以帮你从精神虐待的阴影中走出来，下一章我们会讨论。

不过，我还是要再叮嘱一句——别怪我啰唆，这的确很重要——如果你有任何担心,务必向专业心理医生求助。人生无小事,况且现在可以获得支持的途径很多,只要你更好地关照自己,积极寻求专业援助,很快就能走出阴霾,迈上幸福的人生之路。

关于自我疗愈的建议

第十三章

本章内容虽少，但极其重要。前面我们已经详细探讨了精神虐待的负面影响，本章会给出 20 条建议，当你开始远离有毒的环境之后，可以运用这些建议消除其负面影响，实现自我疗愈：

1. 承认受到虐待的事实

由于虐待总是和负面情绪有关，我们往往不愿意承认受到了虐待，会觉得丢脸，甚至认为是耻辱。也正因为如此，我们更容易忽视虐待的征兆。一般来说，如果你不承认一件东西坏了，就不会着手去修复——在当前语境下就是指疗愈。

2. 明确什么是健康的关系

如果你已经长期处于一段不健康的关系之中，那么你很难明白什么样的关系才是健康的。健康的关系就是：无论对方是伴侣、朋友还是家人，你在拒绝他们的时候不会感觉不舒服，能够坦诚地表达你的需求和感受，有了冲突也能及时解决。当然，在健康的关系中也会有一些你喜闻乐见的个人特质，比如幽默、平等。

3. 做出选择

虐待是个怪圈：我们反抗，他们道歉。但是他们道歉从来不是真心的，要么就在下次虐待之前假装改变一段时间。只有你自己才能打破这个怪圈——你的确拥有这种内在力量。你必须做出这个必要的选择，然后为它负起责任，为它感到自豪，而最最重要的是，坚持到底。

4. 注意安全

如果你担心自己的安全，哪怕只有一点点，你也需要找一个安全的藏身之地。这的确很难，但留下来可能会有危险，你和你的孩子都有可能受伤，这就得不偿失了。如果你没有信任的朋友或家人，可以联系警察或当地的公益组织。公益组织的联系方式可以在网上查找。

5. 找到支持你的人

外界的支持有很多形式和规模，甚至可能来自你想象不到的地方。专业诊所是进行心理疗愈的好地方。

如果你不愿意向认识的人倾诉，可以加入网上的一些互助小组，和陌生人一起抱团取暖。有时候也可以找邻居聊聊，听听他们的建议。

6. 保证不再做受害者

给自己写一封保证书。我知道有些人会认为这种做法太老套，但它的好处或许会让你感到惊喜。你可以用"我不会……"的句式表达自己的决心，例如"我不会让别人主宰我的生活"或者"我不会容忍这种冷暴力"。

7. 提醒自己无须为有毒之人负责

我们说过很多次，你无须为一个有毒之人的行为负责，更确切地说，你根本无须为他们负任何责任。他们是健全的成年人，有能力做出选择。不要因为他们说需要你，没有你就活不下去，就留在他们身边，不要让他们操纵你做任何事，这种关系是不健康的。

8. 疗愈创伤，倾诉痛苦

有些人喜欢通过体育锻炼来疗愈自己的创伤。我发现游泳可以很好地净化心灵，而且身体也感觉好多了。有些人则从美术、音乐或日记中寻求慰藉。你还可以向懂得只倾听、不评判的人倾诉你的痛苦，这也是一种很好的疗愈方式。

9. 照顾好自己的身体

现在你的身体比以往任何时候都更需要你。照顾好自己的身体也是自爱的一部分，从简单的事情做起，往往会产生意想不到的效果，比如好好吃饭，多喝水，该休息时就休息。

出去散散步，感受一下大自然，练习冥想，或者来一次放松身心的沐浴。做点你喜欢的事情，比如看看书，看看电影。同时也不要忘记去看医生，了解一下你的身体和心理状况。

10. 记住你的情绪触发点和边界

我们此前已经详细讨论了这两个问题，这些策略对你的恢复至关重要。在确定了自己的情绪触发点和边界之后，还要记得定期检查，看看是否需要更新。

11. 说出你不能容忍的事情

要想打破虐待的怪圈，还有一点是要勇敢地说出你不再容忍对方的哪些行为。有毒之人之所以得寸进尺，就是认定了你会任由他们侮辱和伤害。只有你不再忍气吞声，你们的关系天平才能更加平衡。

12. 明白这不是你的错

你可以承认以前在应对有毒之人方面犯了错误,但这并不是说你现在的处境是你的错。你生活中的有毒之人很可能患有精神疾病——这既不是你制造的,也不是你纵容出来的。

13. 放下内疚感和羞耻感

既然事情不是你的错,你也没有理由感到内疚和羞耻。进行创伤疗愈会帮助你克服这些感觉,继续前行。

14. 找到让你快乐的事情

也许你已经有一段时间没有做让你快乐的事情了,你甚至可能已经忘记了什么能让你快乐。回想一下在你陷入有毒关系之前的时光:你喜欢做什么?有没有你一直想尝试的事情?你不需要花很多钱,简单的事情也可以让你快乐,比如开车兜兜风、学学做饭,或者追追剧。

15. 确定你可以信任的人

你现在或许不信任任何人,这很正常。不过要看到,世界上虽然有施虐者和受虐者,但还有更多人两者都不是。你可以列两个名单,一个是你可以信任的人,另一个是你不信任的人。这并不是一下子就能做到的,但慢慢地要说服自己去信任那些值得你信任的人。

16. 学会自在独处

高质量独处不同于社交退缩。我们的目标并不是学会如何独自去做每件事,而是要学会一个人自在地做日常的事情,然后慢慢过渡到更重要的事情上面。独处有助于培养同理心,提高生产率和创造力,提升精神力量。你可以先享受一个人散步的宁静,然后慢慢过渡到一个人出去吃饭。必须说一句,我一生中最有成就感的经历之一就是一个人去旅行。

17. 找到树立自信的方法

你每尝试一个方法,就意味着向自信又迈近了一步。找到让自己快乐的事也能增强自信,但从现在开始,不要再拿自己和别人比较。不要太相信社交媒体上的信息,因为人们很少发表完全真实的内容。我们看到别人的生活,往往会心生羡慕。但我们永远不知道每个帖子背后的真相到底是什么,所以把你的精力放在自己的生活上吧。你可以把要做的事情列个清单,这样一项一项去完成会很有成就感。

18. 给自己时间

所谓"长期"影响可不是随便说说。你的保证和决心值得表扬，你也应该为此感到自豪。但还是要给自己一些疗愈的时间。有些人可能几个月就够了，有些人则可能需要几年。千万急不得！最重要的是你每天都在进步。

19. 跟踪关注你的决策能力

这是个很好的建议，可以让你看到自己的成长。此前，你或许发现自己对一切都产生了怀疑，如果你的施虐者属于"煤气灯操纵者"的话就更是如此。你不相信自己的直觉，睡眠不足和情绪紧张也影响了你的决策能力。但是，当你开始摆脱精神虐待时，你会发现自己的决策更可靠了，这也是一种增强自信的方式。

20. 找到适合你的方式

本书提供了很多建议，不仅适用于应对各种虐待，也适用于疗愈不同性格的人。我认识的人中，有一些服用抗抑郁药物之后有所好转，也有一些完全没有用，他们更需要心理治疗。有的人对冥想嗤之以鼻，有的人则不明白四小时的徒步有什么帮助。我们都是不同的个体，应该明白每个人获得疗愈的方式也各不相同。在放弃一种方式之前，要给它足够的时间，此外，还要记录下不同方式对你的作用。或许半年之后，某种方式会产生不同于现在的效果，因此你的跟踪记录会很有帮助。

这本书快要结束了，最后一章也是专门为你准备的，讨论了你可以通过哪些方式来重新掌控自己的生活。

拥有自己的生活 / 第十四章

到现在，我想，读者对于他们正在面对什么，以及不积极应对会有什么后果都已经有了更深刻的理解。而且，在进行深刻的自省之后，你肯定也已制定了有效计划，来消除有毒之人及其行为的不良影响。我也知道，你们可能还是会有些不安，可能还有些方法和技巧没有完全掌握。最后这一章的作用就是再助你一臂之力，让你登上人生的峰顶，将美景尽收眼前。

为什么身边的人不支持我的选择？

这个问题有很多答案。在这世界上，不能站在别人的角度看问题的人数不胜数。

你所爱的人可能是真心想去理解你所做的选择，但他们就是做不到；又或者他们是太在意你，才会表现出担心,让你误认为他们不支持你;也有可能是他们根深蒂固地认为自己永远是对的,所以无论你如何选择都是错的。我们已经知道,有毒之人一般不会支持你的决定,因为那样的话他们最终就会失去对你的控制。

当身边的人不支持你,甚至那些你本以为会永远站在你这边的最亲的人也不理解你时,你必须认识到这是生活中很平常的事,坦然接受就好,不要想着改变它。你没有义务让别人满意,也用不着在做选择时总考虑他人的利益。因为一个令人遗憾的事实是,即使认识你很久的人也未必搞得清楚什么对你是最好的。但是这都没关系。

要学会共情,因为这是搞定那些不支持我们的人的一种方式。他们或许是对你想要尝试的新事物不放心,也可能是嫉妒,或者害怕。尽管试试换种方式跟他们解释,看他们是否能理解,但解释要有个限度,不行就接受现实。

你要记住的是,你已经浪费了太多的时间去迎合生活中有毒之人的需求。没有时间和精力再给你浪费了,不尊重你的人不值得你多花一分钟向他们解释。

> 你的一生不过就是两个日期加一条横线,要好好利用这条横线。
>
> ——琳达·埃利斯

你准备如何度过你的"横线"呢？当你决定摆脱有毒行为的同时，也应当抛掉取悦所有人的幻想，把自己的爱好和梦想放在首位。

去做那些让你内心充满动力、快乐和热爱的事情吧，这样才能让自己的生命更有意义，而不是充满遗憾和"如果"。

或许现在你还难以描绘出自己的人生蓝图，但你想做什么就去做。不要让任何事情成为你的阻碍，尤其是自我怀疑。多看看励志的人生经历：奥斯卡影后哈莉·贝瑞曾流落到游民收容所；《哈利·波特》的作者J. K. 罗琳曾是连房租都支付不起的单亲妈妈；苹果公司联合创始人史蒂夫·乔布斯大学只读了一个学期便辍学，却在23岁时成为百万富翁；此外还有灵魂音乐家雷·查尔斯、天才科学家爱因斯坦……

这样的例子还有很多。他们每个人都经历了巨大的挫折，但他们都披荆斩棘，走出了困境。你的"横线"你做主，想做什么尽管去做，就算没有他人的支持也无所谓，你肯定也不想让他们制约你前进的脚步。

为什么你应当拥有自己的生活

拥有自己的生活就意味着：首先，专注于自我，并对自己目前拥有的一切心存感激；其次，重掌人生主导权，并保护好它，不让别人将它再从你手中夺走；最后，按照自己的价值观、信仰和标准来生活，从而更加自信和自爱。

有时候，想要真正拥有自己的生活，就要停止怨天尤人，学会为自己负责。或许你的童年的确很艰难，但当时条件有限，你的父母已经尽其所能。

你目前或许很拮据，但你可以精打细算，开源节流。不管你过去曾经屡犯错误、遇人不淑也好，忍气吞声、逆来顺受也罢，都要勇敢承认。过去发生的事并不能代表未来，因为每一天都是新的开始，充满了新的机遇。

回忆一下我们刚开始是如何探讨我们自己的消极性的。现在是时候再次检查一下你的态度了，看看那些消极的想法是否还会经常出现。在一段时间之内你可能需要不断强迫自己采取积极的思维，直到它能轻松战胜消极的思维，最终你才能不受消极思维的影响。

如何拥有自己的生活

1. 更用心地对待你的时间和人生观

早餐是一天中最重要的一餐，早晨更是一天中最重要的时段。如果早晨能开个好头,这一天顺顺利利的概率更大。

你可以在早上安排一些固定流程,比如吃健康的早餐,做做晨练,或者进行几分钟冥想,来开启美好的一天。早晨也是进行准备工作、调节情绪的宝贵时间。为了做好心理准备,你可以列出你的目标清单,然后逐项核对。

你可以有意识地保持积极的态度,远离消极的人,甚至是负面的消息。只要你有意识地选择共享的信息,就更容易把负能量屏蔽在你的生活之外。

2. 加强自律

加强自律不仅能使你排除干扰和诱惑,实现目标,也能增强你对各种环境的适应力。当你更加自律时,就能更好地掌控自己的生活,这对降低你的焦虑程度有非常积极的作用。

目标具有激励性,对我们实现自律有很大的帮助。你可以从容易实现的小目标开始。随着一个个小目标的完成,你会逐渐树立起信心,从而能够应对更大的目标。

你的目标列表应该放在随时可见的地方。我还是更喜欢使用纸和笔,但我知道有些人会在手机上创建目标列表。无论是待办清单还是目标列表,都要按优先顺序排列。

在那些找不到动力的日子里,你必须强迫自己振作起来采取行动。没有时间让你找借口和为自己的处境自怨自艾。从十开始倒数,在脑海中想象目标已经实现了的画面,然后振作起来。

3. 以待客之道对待自己

只要你家里曾经来过客人,你就该知道,为了迎接客人,我们往往会好一顿收拾和清洁,连绿植都要浇一遍水,还会准备我们的拿手好菜,开最好的酒。那么,我们为什么不以同样的方式对待自己呢?

这样的行为表明我们把别人放在自己之前。事实上,拥有一个干净整洁的家对身心健康是非常重要的,家里处处井井有条,头脑也会更清晰。花点时间整理一下你的家吧,让自己每次离开家时,家里都干净得好像准备迎接客人一样。这样每次回家就更像是给自己的一个大大的奖励。

4. 体验新事物

不是每个人都有尝试新事物的热情,因为这要求我们走出舒适区。我们可能会觉得自己的尝试注定会失败，或者觉得自己不够优秀，没有足够的知识或技能。这样的想法只会阻碍我们探索这个丰富多彩的世界。我们必须走出去，勇敢去探索世界上各种奇妙的事物。

我们依然从最简单的做起。种一些种子，看看它们是怎么生长的，学学骑马，尝试各种美食。著名的举重教练说丹·约翰说过一句至理名言："对不起，你还不够优秀，根本没有资格失望。"这话听起来很刺耳，却不无道理——既然我们对尝试的新事物毫无经验，我们也没有理由感到失望。如果经过十年的培育，你的种子仍未发芽，那时你再失望不迟！

5. 吸取生活的教训

我最近刚刚种出第一批辣椒，所以我还拿种植这件事来类比吧！我曾试着种了很多东西，结果什么都种不好。后来我得知是因为要么种的季节不对，要么给种子浇水太多，要么就是暴晒之后淋了雨，诸如此类。最后，我终于成功了。

生活中无论哪个领域都是如此，都难免会尝到各种教训，你只能接受。在这之前，你会认为身边存在有毒之人是一件坏事。这是坏事没错,但是也正因如此,你才有机会去了解自我,学会如何与他人打交道,才使你的人生能够发生一百八十度大转变。面对这种转变,要保持冷静,要知道你正在逐渐掌握人生智慧,只要不断学习,就一定能走出属于自己的路。

6. 为你的目标制定行动计划

很多人因为没有制定计划导致目标未能实现。你只说"我想在十五年内还完贷款"或者"我想在两年内乘邮轮旅行"是不够的。

这两个都是相当大的目标,虽然把它们写下来会让目标更具体,但并不等于它们会自动实现。不管是短期目标还是长期目标,都需要分解成更小的、切实可行的步骤。

专注于一个个小目标相对更容易,而且能让你看到大目标的阶段性进展,这样就不容易迷失方向。

7. 不要为了别人停下前进的脚步

还记得在中学时,你和好朋友一起规划未来人生的情景吗?理想状态下,我们和所爱之人在人生道路上应该是齐头并进的,但实际情况是,你可能经常会停下脚步等待对方,这样你就无法如期实现自己的目标。为了让伴侣实现梦想而暂时搁置你自己的事业，这公平吗？

面对生活的重大变化，大家一起商量，共同做出决定，这是应该的，但是你不能总是做那个为了别人牺牲自己梦想的人。要想拥有自己的生活，你就应该为你的目标和梦想设定一个时间表，并将其作为你的优先事项。

8. 做好健康充实的日程安排

合理的日程安排对于养成健康的生活习惯至关重要。当我们开始尝试过健康规律的生活时，压力和焦虑都能得到缓解。而且，随着我们的时间管理做得越来越好，会有更多的空闲时间做我们喜欢的事。如果你想保持良好的自我感觉和身心状态，就必须重视身体健康。

身体健康的指标包括有氧耐力、肌肉耐力以及柔韧性（美国运动医学会）。营养、睡眠，以及情绪和精神状况也会影响身体健康（Oken，2019）。下面列出了一些日常生活可以参考的建议：

- 早上给自己预留充足的时间，这样你就不会在匆忙中开始新的一天。
- 多吃水果和蔬菜，必要时补充维生素。
- 要保证膳食平衡，才能为身体提供所需的能量。

- 保证足量饮水——可以在水中加入水果片,提升喝水的意愿,还可以要求自己每喝一杯饮料必须喝一杯水。

- 尽量少摄入糖和咖啡因,虽然它们能快速提升能量,却可能使血糖持续处于较高水平,有可能引发糖尿病或心脏病的并发症。

- 提高心率。早上做一些有氧运动,活动活动身体,增加大脑的氧气含量,然后冲个澡,你会感到整个人焕然一新,能够以最好的状态开始新的一天。

- 定时起身活动。对于坐办公室的人来说,一定要定时起身活动,能爬楼梯的时候就不要坐电梯。不要觉得离开工位几分钟就少干活了,劳逸结合能让你在办公桌前的时间更有效率,况且眼睛也需要离开屏幕休息一会儿。

- 花点时间做你喜欢的事。比如二十分钟的阅读、和朋友聊天、浏览社交媒体,或者你的任何一种爱好。

- 每天拿出五分钟作为"独处时间"。这和上一条的兴趣时间不一样。这五分钟什么都不干——不玩手机,不看电视——只是坐下来,用一种平和、宁静的心态静观世界，吸收周围的一切正能量。

● 给各项活动设定时间限制。设定的时限一定要切合实际，否则你会发现什么都完不成，就会失去动力。对时间进行精确管理能够减少压力，取得事半功倍的效果。

● 在前一天写下待办事项清单，这样第二天你就不会到了该放松的时间还在担心没完成的事情。

● 晚上睡觉前不要看电子设备，而是写下你一天中三件正面的事。

9. 练习瑜伽和冥想

瑜伽和冥想都对身心健康大有裨益。某些瑜伽体式可以帮助你发现身体的失衡状态，增加能量的流动。

这属于那种只有尝试之后你才会相信的事，只要练习一次，你就能感到变化，比如能体会到一种奇妙的平静之感，而且就连伸展身体都能激活全身的能量。

我跟着健身小程序练习瑜伽，上面还有许多其他的短时课程，都很适合在早上练习。冥想可以让我们走出当下的情绪，让理智回归，带领我们进入一种平静的状态。

冥想可以作为一种快速应对压力或抑郁的方法，而且不需要很长时间，每天只花五分钟就够了。排除头脑中的杂念并不是那么容易，所以我推荐你也跟着专业的小程序进行练习，它会指导你如何专注于呼吸。

10. 拥有你的人生宣言

希望你已经想出了一些人生宣言来鼓励自己。如果你还毫无头绪，或许可以从拥有自己的人生方面考虑，比如：

- 我本来就该有今天的成就。
- 我就该是现在这样。
- 多亏我生命中发生的那些事，才让我有了今天。
- 我现在的成就可不是白来的。

你可以随意创造，还可以在上面的例子中再添加一些富有感染力的形容词。

不要被这么多内容吓到了。当你想到本书中讨论的所有建议和方法时，可能会觉得要做的事情太多了。这是事实没错，但这些事情并不是一蹴而就的，而是从小小的改变开始做起。

结　论

不管你的年龄、种族、文化或职业如何，都难免会遇到有毒的人。他们可能就隐藏在众目睽睽之下，会用善意、赞美，甚至是爱情来迷惑你，成功之后就露出真面目。套用一句老话：天上掉下一块石头，砸中十个人，至少有一个是有毒之人。

与有毒之人硬碰硬毫无意义——这一点你已经很清楚了。你已经做了数月乃至数年的努力，想要把你们的关系搞好。现在你该清醒了，这一切都是白费力气。他们利用了你的好性格，使你感到身心俱疲，有时候结果更糟。

幸而，你不再一遍又一遍地发出"为什么偏偏是我？""我做错了什么要遭受这一切？"这样的质问，而是做出了自强的选择，夺回了人生的主动权，因为错根本就不在你。如果这个人还没有和你形成依附关系，他就会找到另一个人重施故技。这些经历虽然坎坷，现在也该坦然接受了，我们就把它当作是上了一堂人生课，这样曾经的痛苦就能彻底放下了。

在最初的几天甚至几周里,你可能仍然感觉不够坚定,心理上也没有做好和身边的有毒之人开始较量的准备。没关系!正因如此,我们的第一个重要步骤一般都是自我反思和制定计划。认真评估一下你所有的关系,把这些人分为三类:一、好人;二、需要做些努力改善关系的人;三、此生不想再打交道的人。重新审视一下你的目标、让你快乐的事,以及你对一年、五年、十年之后生活的想象。虽然没有人愿意承认自己有错,但你还是应该反思一下,看看自己能做出哪些改变,从而变得更积极。

反社会者和操纵者这两种人需要我们拥有巨大的毅力和坚韧才能对付。他们会使出各种伎俩来影响你的判断,时刻想找空子重新介入你的生活。你必须时刻让自己在情感上更加坚定,才能站稳自己的立场。可以从你认为最有可能改变的人入手,比如你可以对他们直言,他们的哪些行为对你产生了不好的影响。如果是朋友的话,他们会理解你的感受。如果能从他们身上看到进步,你就会获得信心,从而在面对那些给你造成极大伤害的人时更加坚定。

永远不要忘记，安全第一。如果一个有毒之人过去曾经对你有过暴力行为，或者你担心他会伤害你，那就尽量不要主动和他打交道。与这些人打交道的办法是有的，但千万别独自一人面对。你不必为他们的反应负责，但你需要为自己的安全负责。

在与有毒之人交谈之前，一定要把你想对他说的话都练熟。要注意多用"我"字句，少用"你"字句，这样就不会让他认为你在责怪他。多加练习，做好充分准备，有利于清晰地传达你的要旨。不要忘记，你设定的所有边界都需要配合一定的后果，这些后果应是你乐意接受的，而且必须说到做到。要做好准备，他们一定会回击，会说出伤人的话。但这是他们的事，和你没关系。你可以选择如何回应，也可以选择置之不理。

你会越来越好的。你会有开心的日子和糟糕的日子，但是糟糕的日子会慢慢变少。你会明白，自己配得到快乐、尊重和欣赏，也配过上自己想要的生活。那些顽固不化的有毒之人，索性远离他们，腾出精力，利用你新获得的智慧，去发展健康平衡的新关系。不过不要对自己太苛刻，仍然要允许自己犯错误。你要做的就是吸取教训，然后放下！

不要因为身边的人选择了消极的态度，就为自己的开心生活而感到内疚。别忘了，你的生卒日期之间只有一条横线，人生苦短，及时行乐吧。想笑就笑，想唱就唱，想跳就跳，为自己骄傲，开心最重要！

感谢你选择阅读这本书。既然我可以改变自己的人生，我相信，你也可以。现在，你即将踏上一段了不起的新旅程，祝愿你一切顺利！我相信，如果你愿意在购书网站上留下你的宝贵评论，就能和我一起帮助更多的人克服他们正在经历的困难。

怎么谈话才能掌握主动权
应对反社会者与自保的10大策略
TA 真的很自恋
防止朋友/亲人/同事实施有毒行为的8大步骤关键的做，找真正的朋友
当初我是怎么忍下来的？
即使我们有毒，未来也会变好！
掌控人生的7大法则
即使我们有毒，未来也会变好！
摆脱操纵的7大策略 我的家人/朋友是不是有毒？
什么造成了有毒人格？
与自恋者打交道的5大原则
应对反社会者与自保的10大策略
我不想被操控
防止朋友/亲人/同事实施有毒行为的8大步骤关键的做，找真正的朋友
TA是反社会者，我要学会自保
应对反社会者与自保的10大策略
摆脱操纵的7大策略
的家人/朋友是不是有毒？ 即使我们有毒，未来也会变好！
初我是怎么忍下来的？ 什么造成了有毒人格？